VISION

繁栄の国づくり

日本を世界のリーダーに

幸福実現党党首
釈量子 著
RYOKO SHAKU

※文中、特に著者名を明記していない書籍は原則、大川隆法著のものです。

まえがき

前作『未来をかけた戦い』は、本年立党十年を迎える幸福実現党に寄せられたお声を踏まえ、「宗教政党としての信念」をお伝えしました。

そして本書『繁栄の国づくり』では、未来型政党・幸福実現党の繁栄ビジョンについて、具体的な政策を示しています。

序章は、日本が「北欧型福祉国家」に突き進む中、自助努力からの繁栄が未来を拓くべきという党のスタンスを明確にしたものです。

第一部は、「外交」「国防」「経済」「社会保障」という政治の重要テーマについての、わが党の考え方を、第二部では、私の新聞の連載コラム（フジサンケイビジネスアイ「太陽の昇る国へ」、および夕刊フジ「いざ！　幸福維新」）の中から、未来志向の記事をピックアップしてまとめてみました。

いずれも社会主義化が止まらない日本の現状に対する強い危機感が根底にあります。かつて「英国病」とは、重い社会保障で病気のようにあえいだ国の停滞をさしましたが、今や、わが国は世界から「日本病」と揶揄《やゆ》されている状況です。

それを止めるには、前作で訴えた「戦後失った精神的主柱」を立てるとともに、未来を描く力が必要です。政治は「可能性の芸術」であり、日本が世界のリーダー国家となり、世界のために尽くせる国になったらこんなに素晴らしいことはないでしょう。努力即幸福です。共産主義、社会主義、福祉国家の理想を超えて、自助努力からの繁栄を開こうではありませんか。

本書を通して、幸福実現党の訴える政策から、現実への危機感と未来への希望を感じ取っていただければ幸いです。

2019年3月17日　幸福実現党　党首　釈量子

目次

第一部　日本を繁栄に導く未来政策とは

第二部　この国のあるべき姿を考える

1. 憲法改正を考える　132

2. 中国・韓国問題と向き合う　143

序章　繁栄の国づくりを目指す

「全世代型社会保障」でますます国民の負担は重くなる

新年早々、思わず耳を疑ってしまいました。

２０１９年1月4日、安倍晋三首相は、恒例行事の伊勢神宮参拝を終えた後、年頭記者会見で次のように述べたのです。

「わが国の社会保障制度を子供から子育て世代、現役世代、高齢者まですべての世代が安心できるものへと改革していく。本年はその力強いスタートを切る年であります。全世代型社会保障元年であります」

天照大神《あまてらすおおみかみ》の御前での「全世代型社会保障元年」宣言は、少子高齢化に直面した日本のあり方を、改めて捉え直そうということなのでしょう。国が福祉を充実させてくれるという話には、誰も異論を挟めません。

しかし、ここで少し立ち止まり、考えてみたいのです。

30年前の１９８９年、日本政府の債務残高は約２００兆円でした。当時の竹下内閣は、財政均衡を目指して消費税を導入しましたが、２０１８年現在、国の赤字は約１１００兆円にまで膨らみました。特に２００９年の民主党主導の「政権交代」と２０１２年に行われた民主、自民、公明の三党合意による「税と社会保障の一体改革」以降は、「給付金」「手当」「無償化」などの聞こえのよい政策で、国民から集めた税金をばらまく政治に歯止めがかかりません。それも、困っている人にミニマムを給付するのではなく、必要のない人にまで分配し、それを政治家は自分の手柄のように自慢しています。

私たちの所得に対する税金や社会保険料など、社会保障負担の占める割合を示す「国民負担率」は、２０１９年度には42・８％となる見通しです。６年連続で40％を上回り、税金や健康保険料、社会保険料として差し引かれています。これはかなりの重税です。高齢者は老後の蓄えができず、若い世代は将来設計が立ちません。

そのため、ますます国からの給付に頼らざるを得なくなるという悪循環です。

最近では、「増税反対」と論陣を張ったメディアのところに税務署の調査が入ったり、増税反対の経済学者は政府の委員に呼ばれなくなったりしています。また、心ある政治家も某省庁の猛攻を前に、口を閉ざしがちです。

それなら、幸福実現党が声を上げるしかありません。

投票型民主主義の中では、政治家は当選と党勢拡大のため、国家財政の後先《あとさき》を考えずに、あらゆるかたちで税金をばらまこうとする傾向があります。経営力や見識ある人物が政治家になりにくいという現状もあります。

また、エリート意識の強い官僚は、自省庁・自局の権限を増やすため、バラマキの予算や許認可権限が増えていくことを好み、マスコミ権力は、小さい事柄や事例を針小棒大に、マッチポンプのように取り上げて、「政府が悪い」と世論を形成するのが大好きです。その結果、増税と規制強化が繰り返されて、気がつくと国民の自由も制限され、社会はますます窮屈になっていきます。

安倍政権も例外ではなく、この袋小路にはまってしまったように見えます。年初の「全世代型社会保障元年」という言葉も、本当のところ、今年の統一地方選挙や参議院選挙に向けて、国民の歓心を買おうとした選挙対策のバラマキ政策にほかならず、もっともらしい増税の理由として「人づくり革命」とか「幼保、高校、高等教育の無償化」と言っているだけなのかもしれません。

しかし、怖いのは、そうこうしているうちに日本人の意識が、確実に変化してしまうことです。気づいたら日本の誇る「勤勉」や「自助努力」といった言葉が死語となり、日本が日本でなくなってしまうのではないか。そんな危機感がぬぐえません。

日本人が「人生100年」時代に突入し、人間の営みすべてを国が支えようという志はまさしく「ゆりかごから墓場まで」ですが、その言葉が象徴する「英国病」

とはどのようなものだったかを振り返ってみると、今の日本にも通じる、大きな教訓が得られます。

覇権国家から滑り落ちた「英国病」とは何だったのか

「英国病」とは、かつて繁栄を誇った英国が、1960年以降、手厚い福祉政策と基幹産業の国有化などの社会主義的政策により、経済は停滞し、国民の勤労意欲が失われ、ついには「ヨーロッパの病人」と言われるまでに衰退した現象です。

その始まりは、「教育改革」だったと指摘されています。終戦間近の1944年、チャーチルが戦争遂行に集中せざるを得ない間、連立を組んでいた労働党が「教育法」を改正したのです。その内容は、進歩主義的な子供中心教育と、自虐的な歴史教育でした。英国は自国の子供たちに「七つの海を支配した覇権国家の栄光」ではなく、「世界中で植民地をつくり、奴隷を酷使した残忍な侵略国家だったこと」を教えました。こうした教育で育った子供たちは、読み書きが満足にできず、彼らが大人になった1970年頃、「英国病」が深刻化する大きな要因ともなったのです。

1945年に第二次大戦が終わると、英国民は翌年の総選挙で、アトリー率いる労働党政権を選びました。国民的人気の高かったチャーチルの保守党が下野したのはなぜでしょうか。それは、戦時中の1942年にベヴァリッジ卿が発表した福祉国家のプランが国民の心を掴んだからでした。この政府案のパンフレットが書店で売られると、1カ月で10万部の大ベストセラーになり、ベヴァリッジは講演会やラジオで、戦争に勝利した暁には誰もが幸せになれる社会が計画されている、と国民に訴えたのです。

労働党は政権につくと、この「ベヴァリッジ報告」をもとに、次々と社会主義的政策を実現していきます。児童手当を給付する「家族手当法」、疾病、失業、寡婦、孤児、妊婦、死亡に至るまで給付金を与える「国民保険法」、困窮者への「国民扶助法」、中でも医療費を無料化する「国民保健サービス法（NHS＝ナショナルヘルスサービス）」に、国民は大喜びでした。世界初の「ゆりかごから墓場まで」の福祉国家が確立されたのです。また、労働党は、党綱領に基づいて、基幹産業を次々に「国有化」しました。

１９５１年、保守党に政権が戻りましたが、国民の予想に反して、福祉国家体制は維持されました。一度導入した国民保健サービスを覆せば、国民の反発が予想されたからなのですが、「チャーチル政権下で解体を免れた結果、英国人は無償の医療は恩恵ではなく当然の権利だと考えるようになった」と言われます。

戦争で疲弊した国を立て直す市場経済と計画経済の「混合経済体制」はうまくいくように見えましたが、１９６１年、事態は一変します。重い社会福祉と国営化の費用を支え切れなくなり、深刻な貿易赤字と財政赤字が露呈したのです。国営企業は、赤字になっても税金からその損失分が補塡されます。ロンドンは古くさい工場ばかりとなり、品質の劣化で輸出は減り、国際競争力を失っていきました。

富を使い果たすと、今度は増税です。所得税（83％）と不労所得への課税（15％）を合わせた最高税率が98％という異常な累進課税で、人材は海外に流出しました。ちなみにビートルズのアルバム「リボルバー」（1966年）に、ジョージ・ハリスンがジョン・レノンの協力でつくった曲「タックスマン」が収録されています。95％の累進課税を嘆き、5％しか取り分がなくても全部取られないだけ感謝すべきだという、無茶苦茶な税制を皮肉った歌詞で知られます。

1973年のオイルショックは、英国経済に止めを刺しました。不況とインフレが同時に進行するスタグフレーションに陥ります。1976年、労働党のキャラハン首相は「もはや快適な時代は過ぎ去った。私たちは生産する以上に消費してきた。基本に返らなければならない」と訴えましたが、時すでに遅し。世界で最も豊かだった英国は、財政破綻し、国際通貨基金（ＩＭＦ）から融資を受けるまでに落ちぶれたのです。

それでも労働組合は、賃上げを求めてストライキを続けました。街はごみの山となり、墓掘人は棺を放棄し、食料や灯油などの生活必需品は市民に届かず、人々は寒い夜を震えて過ごすようになりました。英国民は、市民生活を人質に政府を追い詰めようとする労働組合を憎み、労働党から民心が離れていきました。

１９７９年、総選挙で保守党が勝利し、サッチャーが登場します。「鉄の女」は、ベヴァリッジ・プランとその理論的裏づけをしたケインズを批判した、ハイエクの思想を武器に、英国の再生に取り組みました。

サッチャーは社会主義と戦った

サッチャーが強かったのは、対立する労働党政権の依って立つ「社会主義」そのものを批判する思想的信念があったからです。「ゆりかごから墓場まで」が常識となった英国では、保守党の議員でも、倫理的・知的に肩身が狭くなり、日本では『西国立志編』として知られる『自助論』の著者スマイルズも目の仇にされる時代だったといいます。サッチャーは「金持ちを潰すことによって貧乏人を助けることはできない」「その人ができること、自力でやるべきことを、その人に代わってやってあげても、恒久的な助けにはならない」と国民を説得し、累進課税を支える嫉妬心や、国家依存主義、悪平等主義と戦ったのです。

1982年にフォークランド紛争が勃発すると、サッチャーは、主権を守るために決然と戦って勝利しています。国力が低下すると、戦争を仕掛けられることもあるという教訓です。1988年には公営住宅を売却し、民営化を推進するほか、教育法も改正しました。北海油田の開発が成功したことも、英国の再生に大きく貢献しています。

事実上の「英国病克服宣言」を行ったのはブレア内閣の2001年。アトリーの「福祉国家宣言」から、実に53年も経っていました。

「ゆりかごから墓場まで」と胸を張る厚生労働省

日本は、かつての英国の労働党政権のように、「企業の国営化」を行っているわけではありません。しかし「同一労働・同一賃金」「官製賃上げ」など、緩やかな「統制経済」「社会主義経済」ができあがっています。

また、日本が「英国病」にかかっているというのは極端かもしれませんが、わが国の厚生労働省は「ゆりかごから墓場まで」という言葉を誇らしげに使っています。同省のホームページを見ると、厚生労働事務次官の「厚生労働行政は、『ゆりかごから墓場まで』という言葉に象徴されるよう、人々の一生に寄り添う、最も身近な行政です」と胸を張ったメッセージが掲載されています。歴代次官のメッセージでも踏襲され、パンフレットなどにも散見されます。

あまり知られてはいませんが、自民党の党是にも「福祉国家の完成」という文言が入っています。自民党立党の1955年11月15日の綱領に、「福祉国家の完成を期する」と記されているのです。

ただ、当時、党内で綱領に「福祉国家の完成」の文言を入れることに反対した人物がいました。経済学博士で、戦後、衆議院議員となった山本勝市氏です。同氏は著書『福祉国家亡国論』の中で、「社会保険の組織がどこの国でも直面している困難というのは、元来、困窮者を救うために生まれた機構が、所得の平等化を目指す再配分の道具へと変化した事実の結果である。困難を脱する道は原点に帰るほかはない、というのが私の結論である」と論を張りました。

昨今、「自助努力」という言葉を口にすれば、「弱者切り捨てか」という声が上がります。「勤勉」に働こうにも、労働基準監督署が職場に来て是正勧告を出し、「過労死ライン」と批判されないよう、働かないようにと、国が音頭を取る時代です。

評論家の小室直樹氏は、「世界で唯一成功した社会主義国家が日本だ」と皮肉りましたが、今になっても「ゆりかごから墓場まで」を何の疑問もなく掲げる省庁があるのも、日本が社会主義の理想を体現した国だということでしょう。

30年間成長を止めた日本

海外の雑誌が２０１７年夏、「日本病（Japan Disease）は世界に蔓延するか?」

と題する特集を組み、話題になりました。「英国病」ではなく、「日本病」に警鐘を鳴らしたのです。

その病状とは、30年もの間、ほとんど経済成長していないことです。１９９０年以降の名目ＧＤＰの推移を見ると、米国が４・１倍、英国が４・９倍、韓国が17・8倍、中国が75倍にまで拡大している一方で、日本はたったの１・５倍です。

日本経済の長期停滞も、社会主義的な発想と密接に関連しています。１９８８年のリクルートの贈収賄事件あたりから、大蔵省（現・財務省）と日銀、マスコミなどによる「バブル潰し」が始まり、そこから平成の長期不況がつくり出されました。

まるでバケツに入れられたカニが、外に出ようとする互いの足を引きずり下ろすように、豊かになろうとする人を嫉妬心から叩き落とそうとする、日本型悪平等主義、国民感情が貧しさを引き寄せているのです。

昨今の日産のカルロス・ゴーン元会長や、少し前の堀江貴文氏、村上世彰氏に対する検察の動きを見ても、「お金儲けは悪」という懲罰的な風潮が日本人の心に深く根を下ろしていることがわかります。

「疑似マルキシズム的空気」と決別をして、繁栄の国づくりを目指すのか。それとも、このまま二等国に転落していくのか。日本は今、その岐路に立たされています。

単純な「格差是正」だけが正義ではない

私たち幸福実現党は、「福祉」は大切なものだと考えています。「福祉」は、一般的には個人や社会の「幸福の増進」であり、障がいのある方や高齢者など、社会的弱者への「援助」という側面もあります。心に寄り添う優しさを決して否定しているのではありません。

しかし、「福祉」という言葉が、「大きな政府」を正当化するために使われ、国民が共産主義・社会主義のもとで「奴隷の自由」を手にしたとしても、それは神の目から見た人間の幸福ではありません。また、「格差是正」を絶対的な正義として、富の再分配を行うことも、神の願われる政治的正義ではありません。大川隆法・幸福実現党総裁は、次のように説きます。

単純な「格差是正」だけが正義だとは、私は思っていません。「智慧」が介在しなければ、その「格差是正」もプラスにはならないのです。

「何らかの補助を与えられれば、再び立ち上がることができる人たちには、何らかの補助を行い、チャンスを与えていく」という努力は、していったほうがよいと思います。

しかしながら、「『どのように働こうとも、あるいは働くまいとも、結果において、全部を同じに扱う』という社会、要するに、共産主義の理想のような社会をつくったら、それは〝人類の終わり〟だ」と考えています。

『正義の法』より

「チャンスに満ちた社会」をつくることこそ、福祉の原点だと思います。成功のチャンスが平等に与えられ、また、どんな立場の人でも挑戦するチャンスがある社会が理想です。しかし、「政府からの補助」ばかりを求めていると、税金は際限なく上がり、規制は増え、社会から活気や幸福感が失われます。

政府からの支援・補助・手当だけが「福祉」ではないはずです。減税で家計が楽になること、給料が上がること、働き口があること、家族・親戚内で成功者が出ること、企業が利益を元手に障がい者雇用や奨学金にあてること、弱者救済にあてること、刻苦勉励で成功した個人が出身校に寄附をして教育サービスが拡充されること、地方自治体が民間経営を取り込んで町おこしに成功すること――国民が主役となり、自由を拡大する方向で、福祉の増進を考えていかなければなりません。

国民を貧困から救うことは、国家の大きな目標の一つであることは間違いありませんが、それは、税金による補助や政府による手当ではなく、雇用の創造、成長企業の創造、基幹産業の創造を通して実現していくべきです。

幸福実現党は、共産主義、社会主義、福祉国家の理想を乗り越えて、自助努力からの繁栄が道を開くべきであると考えているのです。

繁栄の国づくりを目指す

日本は、2010年には中国にGDP世界第2位の座を奪われました。2050

年には、さらにメキシコやインドネシアにも追い抜かれ、世界第7位に転落するとの予想も出されているようです。こんな日本の未来は、断じて受け入れることができません。

今こそ、日本から繁栄のために、新しい国家戦略を打ち立てようではありませんか。それによって、日本を豊かにするのみならず、世界の平和と繁栄に貢献することもできます。

地球儀を俯瞰すると、太平洋の向こう側では、米国のトランプ大統領が神から与えられた自由を掲げ、「減税」「規制緩和」「産業の国内回帰」に奮闘する一方で、日本海と東シナ海を挟んだ中国では、習近平国家主席が「新時代の社会主義思想」を大きく掲げ、14億超の人口を盾にして、日本、朝鮮半島、東南アジア、極東ロシア、インド、中東、アフリカ、ヨーロッパを呑み込もうと画策しています。日本は、自由からの繁栄を目指す米国と、新しい社会主義による覇権拡大をもくろむ中国に挟まれていますが、思想的にも外交的にも「二股」をかけている状態です。これは実に情けない状況です。

日本と中国は、歴史的にも互いに影響し合ってきました。また、戦後の日本の政財界は、中国の発展のために尽力してきました。しかし、豊かになった中国は、毛沢東思想を中心に据えた覇権主義の拡大を止めることなく、日本や米国が築いてきた自由と民主主義と信仰心を基調とする世界秩序に挑戦しています。このままでは、ヒトラーのナチス、スターリンのソ連をはるかにしのぐ影響力で、宇宙にまでその覇権がおよぶ日もそう遠くはないでしょう。

最近では、トランプ大統領が2月の一般教書演説で、「米国は、政府による強制や支配、統制ではなく、自由と独立の上に築かれた。我々は生まれながらに自由で、自由であり続ける。米国は決して社会主義国にならない」と断言しました。また3月に行われた保守系の政治集会でペンス副大統領は、サッチャーの「社会主義の問題は、結局、他人のお金を使い果たしてしまうこと」という言葉を引きながら、「米国が社会主義国になった瞬間、米国は米国ではなくなる瞬間だ」と述べ、社会主義を重ねて批判しました。

日本も、社会主義では国は繁栄できず、国民は幸せになれないことを知らねばなりません。経済的に豊かになり、独立した主権国家としての自覚を持って国力を倍増、十倍増させることが、世界の平和と繁栄にとっても大きな鍵なのです。

国内の社会主義的な経済政策、中国の覇権主義を黙認するような外交・国防路線とは決別しましょう。「小さな政府」を志向し、減税や規制緩和によって、製造業を呼び戻し、最先端の技術開発と新しい基幹産業の育成で経済を活性化していこうではありませんか。外交と国防でも存在感を強め、これからの国家戦略の柱にすることができれば、日本は再び、輝いていくことでしょう。

この序章を書いている間にも、4月に施行される「働き方改革法」で残業規制が導入されるため、その対応として中小企業が新たに従業員を雇った場合、厚生労働省が最大600万円を支給するという報道がありました。まるで、そのうち中小企業も国営化するかのようではありませんか。

繁栄の国づくりの核は、国民一人ひとりです。その国民の総意の現れが政治となり、その国の未来をつくっていきます。

日本では今も「ゆりかごから墓場まで」の夢が醒めぬまま、「北欧型福祉国家」が理想像として盛んに取り上げられます。しかし、所得の半分以上を国に吸い上げられるようになっても本当にいいのでしょうか。

英国は1980年代の後半に入ると、自立心がなく、国家に依存する人々が大きな問題になり、福祉国家どころか「乳母国家」（nanny state）と言われたこともありました。「大きな政府」は必ずと言っていいほど国民の堕落を招くことは、歴史を見れば明らかです。

そして、努力しなくていい国は、人間の尊厳を捨てさせるのです。戦後の日本も、米国に依存し、「平和憲法」さえ守ればいいという甘えが続いた「半主権国家」でした。

日本は、今こそ原点に立ち返る時でしょう。

自分は何ができるのか。どのような国を理想とするのか。

私は「努力即幸福」の国づくりこそ、未来へと続く繁栄の大道ではないかと思うのです。

第一部と第二部では、幸福実現党が考える「繁栄の国づくり」をご紹介していこうと思います。ぜひ読者の皆さまには、それぞれの政党が、どのような国家戦略を掲げているか、その奥にはどういう政治哲学があるのかを見極めていただきたいと思います。

「自由」「民主」「信仰」を柱とした幸福実現党の国家戦略に、これからの新しい日本の息吹を感じていただけると信じています。

第一部

日本を繁栄に導く未来政策とは

1．アジアのリーダーとしての使命を果たせ

ニクソン以来の対中国「関与政策」は間違っていた

トランプ氏の頭のなかにあるのは、「中国の覇権、拡張を潰す」ということです。（中略）「そこまでを自分の任期の間にやろう」と考えると思います。

『幸福実現党　立党8年目の真実』より

日本が繁栄の未来を築くためには、まず、緊迫するアジア情勢の中で、中国の覇権主義にどう対応するかを考えなければなりません。外交で選択を間違うと、数十年、数百年、国家の運命を狂わせることになります。端的に言えば、同盟国である米国についていくべきか、それとも隣国の中国に追従すべきか。どちらを選ぶかに

よって日本の命運は大きく変わっていきます。

トランプ政権は、中国の覇権主義について対決姿勢を鮮明にしています。米国は、資本主義かつ自由を重んずる宗教大国であり、中国は一党独裁の共産主義と、政治体制がまったく違うので、考えてみれば当然のことです。実際、1950年に始まった朝鮮戦争では、米国は韓国側に、中国は北朝鮮側について戦争になりました。そのため、米国はソ連と同じく中国を封じ込めの対象と見てきたのです。

しかし、ベトナムの共産化を防ぐために介入したベトナム戦争が、思った以上に長引きます。そこで、ベトナム戦争を早期に終結させ、ソ連という共通の敵に対処するために、1972年に当時のニクソン大統領は訪中し、中国と積極的に経済や外交を行う「関与政策（エンゲージメント）」に転換しました。これによって台湾は断交されてしまいました。

その後、米国は、「近代化すれば民主化も進む」という考え方のもと、中国を味方に取り込み、日本もまた、多くの経済援助と投資を行ってきました。

天安門事件が起こった1989年に、中国の人権蹂躙への制裁として日本も一時的に経済制裁を行ったことはありましたが、2000年9月には米上院が中国に最恵国待遇恒久化を認証し、2001年には米国などが招き入れるかたちで、中国が世界貿易機関（WTO）に加盟することになりました。中国の巨大なマーケットを、米国主導の世界市場に取り込もうとしたのです。ビル・クリントン氏は1992年の大統領選で「経済こそ重要なのだ、愚か者！」（It's the economy, stupid!）をスローガンに勝利し、米国企業は中国に続々と進出して技術支援を加速化していきました。その後も、米国歴代政権は一貫して中国経済を育て上げました。

しかし、やがて「中国は近代化すれば民主化も進む」ことが錯覚であるとわかってきたのです。世界第2位の経済力のもと、軍事費も米国の2019年会計年度7160億ドル（約78兆円）に次ぐ第2位の1兆1898億元（約19兆8000億円）。

ただし、これは推計値で、ロケット軍まで擁する人民解放軍の軍事支出は、世界最大規模に近づいていると見られます。

こうして経済力や軍事力を背景に国際的影響力を強めながら、中国は堂々と、国際規範を無視し、外国の知的財産を収奪し、苛烈な人権弾圧を繰り広げています。

米国の関与は結果的に、完全に裏目に出たと言ってよいでしょう。

さらに、２０１２年の習近平政権の誕生は、世界の潮流を逆転させかねない動きとなりました。

２０１７年10月18日に開催された中国共産党大会では、習近平国家主席が３時間20分を超える大演説を行い、中国建国１００周年にあたる２０４９年までに「社会主義現代化強国」を築くと宣言。二十一世紀半ばには、中国は米国を凌駕する総合国力と国際的影響力を持ち、世界ナンバーワンの国として君臨し、中国の特色ある社会主義を世界中に広げるという世界覇権の意志をあらわにしたのです。

2018年3月の全国人民代表大会（全人代、国会に相当）では、習近平国家主席が自らの任期「2期10年」の上限を撤廃して「終身主席」を可能にしました。建国の父・毛沢東に匹敵する権力を掌中に収めたと言ってよいでしょう。

ついに米国が中国の覇権潰しに舵を切った

しかしながら、習氏の野望に、トランプ大統領が立ちはだかりました。ニクソン政権以降の「関与政策」を大転換し、中国の覇権主義を封じ込めるため、次々と手を打ち始めたのです。

2017年12月、トランプ政権はまず「国家安全保障戦略」を発表しました。これは政権が代わるごとに議会に提出される重要な方針ですが、就任1年目に早々と発表されるのは今回が初めてです。選挙中から訴えてきた「力による平和」の基本方針を確認し、「中国は米国に挑戦する『修正主義勢力』であり、インド太平洋地域で米国に取って代わり、国家主導の経済モデルの範囲を拡大し、地域の秩序を好きなように再編成しようとしている」と厳しく非難しました。また、「強い経済が米国の力を増す」との考えに基づき、米国の経済的繁栄を実現するために貿易不均衡の是正に取り組むことを明記しました。トランプ大統領は同戦略に関する演説の中で「米国を再び強大にする」と述べ、「我々は新たな競争の時代に入っている。このゲームで米国は勝利する」と力強く語りました。

２０１８年1月には「国家防衛戦略」が発表され、「中国は将来的には地球規模で優位を確立し、米国に取って代わろうとしている」と警戒。「軍事力だけではなく、情報活動や経済支援や投資の名のもとに世界各地で、他国を食い物にするような経済活動を行っている」と、中国の「一帯一路」構想を暗に非難。また、日本を含むインド太平洋地域が、戦略上、中東より上位に位置づけられるとともに、陸海空、宇宙、サイバースペースという軍事分野における競争力が劣化していることから、国防予算増による米軍再編を進めるべきだと強調しました。

2018年2月には「核態勢の見直し」が発表され、米軍が核軍縮を進める一方で、中国とロシアが核兵器の近代化や拡大を進め、北朝鮮の核開発が脅威になっていると指摘。「核なき世界」を掲げて核の役割縮小を目指してきたオバマ前政権の方針を転換しました。

トランプ大統領はこれら三文書で、米国の「安全保障戦略」を確立しました。中国をWTOなどの国際機関に迎え入れ、ルールに基づく欧米式の秩序に巻き込むという希望に見切りをつけ、大国間競争の枠組みの中で「力による平和」を実現していく戦略を示したのです。

2018年には、これらの国家戦略に基づく重要法案が相次いで成立しました。例えば、同年8月に「2019年度国防権限法」が成立。国防予算は過去9年間で

【ここ一年あまりで成立した米国の対中政策】

2017/12/18	**「国家安全保障戦略」発表**
2018/1/19	**「2018年米国国家防衛戦略」発表** 国家防衛戦略の主軸を、イスラム過激派との戦いから中国・ロシアとの競争へとシフト。
2018/2/2	**米国防省が「核態勢の見直し」発表** 米国による核抑止力の実効性の確保と同盟国に対する拡大抑止へのコミットメントを明確に。
2018/3/16	**「台湾旅行法」成立** 米国および台湾の高級官僚の相互の訪問を促進する法律。
2018/3/23	**中国輸出品に制裁関税発動** 通商拡大法232条に基づき、鉄鋼に25%、アルミ10%の関税をかける。米国の安全保障を理由にするもので、中国を含めたほとんどの国が対象。
2018/6/12	**米国在台協会（AIT）台北事務所の新庁舎が完成** 表向きには「事務所」とされているが、扱いを見れば実質的には「大使館」。
2018/8/13	**「国防権限法」成立** 中国通信機器大手の華為技術（ファーウェイ）と中興通訊（ZTE）、監視カメラ大手など中国5社から政府機関が製品を調達するのを2019年8月から禁止する。
2018/8/13	**米外国投資委員会（CFIUS）に幅広い権限を与える** 安全保障にかかわる重要技術などを有する米国企業への、外国からの投資の審査について対象を広げるなど、権限を拡大する。
2018/9/24	**「スーパー301条」発動** 知的財産権の窃取と技術移転の強制への対抗措置として中国からの輸入品2000億ドル（22兆円）相当を対象に第3弾の制裁関税を24日から発動。
2018/9/24	**台湾への武器売却の方針を発表** 政権発足から2度目となる台湾への武器売却の方針を発表。
2018/9/30	**「米・メキシコ・カナダ協定（USMCA）」妥結** 「カナダまたはメキシコが中国とFTAを締結しようとしたら、改訂NAFTA協定から追い出す」ことを認める条項を含む。
2018/10/5	**「海外支援を強化するビルド法（BUILD）」成立** 海外の戦略的機会への米国の民間投資を支援するため、米国政府の開発融資限度額が2倍以上の600億ドルに引き上げられる。
2018/11/12	**「日米欧によるWTO改革案」提示** 日・米・EUが、WTOの物品貿易理事会に対し、自国優遇策により厳しく対応する改革案を提示。ターゲットは中国とされている。
2018/11/16	**「2018年サイバーセキュリティ・インフラストラクチャセキュリティ庁（CISA）法」署名** 国土安全保障省（DHS）傘下にサイバーセキュリティ・インフラストラクチャセキュリティ庁（CISA）を設置することを目的としている。
2018/11/17	**共同声明「日米豪3国間パートナーシップ」発出** インド太平洋地域のインフラ事業に投資する、米国、日本、オーストラリアの3国間パートナーシップ。
2018/12/14	**「チベット相互入国法」成立** 中国当局が米国の政府高官やジャーナリストのチベット立ち入りを制限した場合、関与した中国当局者の米国への入国ビザの発給を拒否する。
2018/12/18	**トランプ大統領「宇宙統合軍」創設を命令**
2018/12/31	**「アジア再保証推進法」成立** 中国の脅威に対抗することを目的として、台湾への防衛装備品の売却推進や同盟国との強固なサイバーセキュリティ協力などを推進する。

最大規模に引き上げられ、トランプ政権が掲げる軍事力強化を裏づけました。また、ファーウェイやZTEなど中国5社から政府機関が製品を調達することを2019年8月から禁じ、2020年8月からは5社の製品を使う企業との取引も打ち切ることとしました。さらに、環太平洋合同演習（リムパック）から中国を排除し、台湾への武器供与も進めます。

2018年10月4日、保守系シンクタンクのハドソン研究所で、米国のペンス副大統領が中国政策に関する演説を行いました。経済問題に限らず、政治、軍事、人権問題まで多岐におよび、トランプ政権の対中政策を体系立てて示す内容でした。ペンス副大統領は演説の中で、次のように指摘しました（抜粋・和訳）。

経済的に豊かになれば国民は政治的な自由を求め、やがて中国にも民主主義が広がる――米国の歴代政権はこうした立場から「関与政策（エンゲージメント）」を推進し、２００１年にはＷＴＯ加盟も容認した。だが、世界第２位となった後も、中国で政治的自由化が進む気配はない。むしろ習近平指導部のもとで統制は強まり、民主化の火は消えかけている。台湾の外交的孤立を図るなど、自らの戦略的利益を追求する姿勢も強まる一方だ。

米国が中国に手を差し伸べてきた日々は「もう終わった」と断じ、焦眉の課題であった人権問題にも言及しました。ペンス副大統領は敬虔なキリスト教福音派の信者です。「信教の自由は私個人にとっても、トランプ大統領にとっても非常に重要だ」と、人権問題を米政権の最優先課題とする態度を鮮明にし、新疆《しんきょう》ウイグル自治区での人権弾圧も牽制し始めました。

「ペンス演説」は、中国の脅威に対して国を挙げて立ち向かう米国の不退転の決意を表明したものです。チャーチル英元首相がソ連を批判した「鉄のカーテン」演説に匹敵する、「米中新冷戦」の始まりを告げるものでした。

最強国との同盟強化が外交の基本

世界最強のスーパーパワーであるアメリカのほうが「国論をはっきり変える」ということであるならば、やはり、日本としてもその流れのなかに入るべきでしょう。（中略）アメリカや日本は、経済的にもう一段の充実を図り、その力を背景にして世界的なリーダーになれる道のほうがよいのではないかと思っています。

『繁栄への決断』より

米国の対中国政策の転換の背景として、これまでの外交政策について本格的な反省が始まっているのだと思います。トランプ大統領も、過去25年間にわたって「我々が中国を再建した」と皮肉を言っているとおりです。

戦前も、米国は中国大陸の共産主義勢力と戦っていた日本を叩いて、中国国民党を応援し、戦後は、国民党が立てた中華民国を捨てて中華人民共和国（中国）と手を結び、80年代から90年代にかけては、経済大国となった日本を再び叩く一方で中国に技術の供与や為替での優遇を行いました。しかし、先ほど述べたように、覇権主義の牙をむいて、自由と民主主義の世界秩序に挑戦せんとする姿を見て、中国こそ二十一世紀の人類の脅威となると気づいたのでしょう。

幸福実現党は立党以来、中国の核ミサイルや海洋進出、覇権戦略に警鐘を鳴らすとともに、日米同盟を強化することを訴えてきました。10年前、当時の民主党が、「最低でも県外」というスローガンのもと、沖縄から米軍普天間飛行場を退去させようと意気込んでいた際も、地政学的に見て、在沖縄米軍基地はアジアの安定の要であると訴えました。沖縄戦で多くの県民が亡くなった痛みに思いを寄せつつも、同時に自由の価値を守るために命を懸ける米軍の若い兵士とその家族には、感謝の思いを持つべきだと考えてきました。

また、第二次世界大戦で日本が敗れた原因の一つは、1923年に日英同盟を失ったことです。当時、列強の雄であった英国との同盟が続いていれば、日独伊 vs. 米英中ソという構図にはならなかったでしょう。それを教訓とすれば、日米同盟は外してはなりません。

あまり日本国内では語られませんが、外交の基本は、「最強国との同盟を大切にすること」です。それは今も変わりません。米国との同盟をもとに、アジアにおいて専制や独裁を乗り越え、平和を建設することが日本外交の柱の一つです。

日米同盟がアジアの平和の背骨

現在の米中対立は、貿易面だけではなく、「自由主義対社会主義・共産主義」というイデオロギーの対立を背景にした「新冷戦構造」の中で起きています。安倍政権は八方美人型外交でうまく立ち回り、日米同盟重視を強調しながら、中国にもすり寄って経済的利益だけは得たいという「漁夫の利」型のやり方を続けていますが、それでは米国の信頼を損なうことになります。これからの日米同盟を強固なものとするためには、情報や通信、貿易などと軍事を合わせた、総合的な協調体制が求められます。

しかし、現実の世界では、日本はそのような判断をしていません。

例えば、米国は中国に対して、２０１８年７月に対象金額３４０億ドルに25％、８月に対象金額１６０億ドルに25％、９月には対象金額２０００億ドルに10％の関税を課しました。米国は、対中貿易黒字を削減し、中国の「一帯一路」構想における経済・軍事両面にわたる資金源を断とうとしているのです。

それにもかかわらず、安倍首相は２０１８年10月に中国を訪問し、事実上、「一帯一路」構想への協力を約束しました。さらに、日本は中国と、通貨危機などの際に円と人民元を互いに融通し合う「通貨スワップ協定」を結びました。

これでは、日本は米国と中国のどちらの味方かわかりません。頭では、自由や民主主義の米国の立場が正しいとわかっているのですが、中国の購買力の高さに魅了され、社会主義・共産主義・侵略主義とわかっていても、離れることができないのでしょう。哲学なき政治、理念なき外交が行われている証です。

しかし、哲学なき浮き草のような「二股外交」が許されない時代に入ろうとしています。かつて、米ソ冷戦の際、共産主義国との商取引は厳しく制限されていました。対共産圏輸出統制委員会（通称ＣＯ《コ》ＣＯ《コ》Ｍ《ム》）に日本を含めた西側諸国が加盟していたからです。ファーウェイやZTEに対する米国の規制は、「対中国輸出統制委員会」のはしりと見るべきでしょう。中国の一党独裁に変化を促すのは20年、30年の長期戦になるかもしれませんが、政治家や経済産業省をはじめとする官公庁、日本の企業群は、この潮流に、急ぎ、合わせていかねばなりません。

幸福実現党は、これからの外交や経済・金融における理念となるのは、「自由」「民主」「信仰」という価値観だと考えています。これからの国際政治は、この三つの価値観を共有できる国とそうでない国に二分されていくでしょう。それが国際社会で正しい判断をするためのポイントだと思います。その観点で世界地図を見ると、米中が、南シナ海・台湾・朝鮮半島・日本列島でにらみ合い、日本は「自由」「民主」「信仰」をめぐる新しい冷戦の最前線（フロントライン）に置かれていることがわかります。

日本は、米国とともにこれらの価値観を守るリーダー国としての役割が求められるということです。少なくとも、現在の米国がアジアで担っている経済的、軍事的な役割を肩代わりできるぐらいの大国になる必要があります。

東南アジア・ロシア・台湾との友好関係を

外交においては日米同盟の強化に加えて、東南アジアや南アジアに友好国を増やし、経済・安全保障面での連携を一層強化すべきです。

現在、中国は「一帯一路」構想を実現するために、経済支援の名のもとに巨額の債務を対象国に負わせていますが、返済不能になった場合、中国にインフラ設備の運営権を奪われるリスクがあります。その代表例が、スリランカです。

2010年、親中派ラジャパクサ政権下でスリランカ南部ハンバントタ港の建設が始まり、建設費約13億ドル（約1421億円）の多くを中国からの融資で賄いました。しかし、２０１７年12月、スリランカは多額の債務返還を諦め、港湾の株式の80％を中国国営企業に貸与し、99年ローンでリース料をもらうことにしました。事実上の売却です。いつの間にか港湾が中国のものになったわけです。

一方で、２０１８年5月に首相に返り咲いたマレーシアのマハティール氏は「債務のワナ」に陥ることを警戒し、「一帯一路」構想のもとで始まった総工費２００億ドルの大規模プロジェクト「東海岸鉄道（ＥＣＲＬ）」と、サバ州に石油パイプラインを２本敷設するプロジェクトをキャンセルしました。中国の借金外交にノーを突きつけたかたちです。

こうした略奪的投資に警戒感を持つ東南アジアや中東、アフリカ諸国に対して、日本は中国に代わってインフラ投資などの支援を金融面から強化すべきです。巨額の金融資産を抱えながら、国内の資金需要不足に悩む日本にとって、これらの国々のインフラ整備需要を取り込むことができれば、日本の経済成長にも資するところが大きいはずです。日本の技術力と運営ノウハウを共有しながら、自由や民主主義を尊重する価値観を浸透させていくことで仲間を増やし、中国包囲網を構築していくべきでしょう。

さらに踏み込んだ決断をしなければならないのが、ロシアと台湾との関係です。中国包囲網を構築する上で、ロシアとの協力が重要です。未だにロシアは日本と平和条約を結んでおらず、欧米からも軍事的に警戒され、G8から除外されています。その隙を狙って中国が近づいていますが、中国とロシアが組んでしまえば、日本の安全保障は極めて危険な状況に陥ります。

日本は、日露平和条約の早期締結を目指すとともに、ロシアとの協商関係の構築を図ることが大事です。ロシア極東地域を中心としたエネルギー、農業、交通インフラなどへの投資を活発化させるとともに、北海道へのシベリア鉄道延伸を推進し、日露経済交流を促進したいところです。日本は、原油の約6%、天然ガスの約9%

をロシアから輸入しています。また、日本はロシアにおける石油・天然ガスの開発プロジェクト（「サハリン1」「サハリン2」）にも参画していますが、共同経済活動の規模はまだ小さいものです。石油の中東依存度を減らし、エネルギー安全保障を確保するためにも、ロシアとの結びつきは強化していく必要があります。

また、急がねばならないのが、日台関係の強化です。米国と台湾の間には断交後も「台湾関係法」があります。これは、国交はないが軍事に責任を持つという法律で、トランプ大統領はこれに加えて昨年、上下両院の全員の賛成によって「台湾旅行法」を可決しました。これにより米国と台湾の高官レベルの交流が可能になるとともに、懸案だった潜水艦建造についての許可も出され、米国企業に対して台湾側との商談開始も認められました。

中国の狙いは、台湾を併合し、沖縄を奪い、太平洋へ進出することです。中国の膨張政策を封じ込めるためにも、日本も台湾との間に「台湾関係法」を制定し、安全保障でも協力を進めるとともに、経済的には日台FTA締結を目指してはどうでしょうか。そして、台湾をすでに独立した国家として承認・国交回復するとともに、台湾の国連加盟を後押ししたいところです。

朝鮮半島に忍び寄る全体主義の影

この数年間で、大きな変化が訪れているのが朝鮮半島です。朝鮮戦争が始まってから冷戦期も含め、特に外交・軍事においては、日本・米国・韓国の自由主義国側と、中国・北朝鮮・ソ連の社会主義・共産主義国側という構図でした。しかし、自由主義圏に属していた韓国が、反日歴史戦において中国と共闘したり、中国経済に大きく依存したりする中で、次第に社会主義国化していました。

そして2017年5月に韓国で文在寅大統領が誕生したことで、〝赤化統一〟のシナリオが頭をもたげてきています。文大統領は、「韓国が北朝鮮を経済的に吸収した上で、反日の軍事大国の統一朝鮮を建てる」という構想を持っていると見受けられます。トランプ大統領が昨年6月の米朝会談以降、北朝鮮を非核化し、自由主義圏側に取り込もうとしていたところ、文大統領は国連決議の制裁破りを行うなど、反米の姿勢さえ見られます。これをトランプ大統領が許容するとは思えませんが、文大統領の思惑として、「統一の邪魔となる米軍基地を追い出し、北朝鮮を併合して核弾頭やミサイルを韓国がそのまま引き継ごうとしている」と見るべきです。

昨年来、韓国の観艦式に参加予定だった日本の海上自衛隊に、韓国海軍が旭日旗を掲げないよう求めたり、日本のP－1哨戒機に韓国海軍駆逐艦が火器管制レーダーを照射したりしています。また、韓国の最高裁にあたる大法院は日本の新日鉄住金や三菱重工業に対し、韓国人の元徴用工への賠償を命じました。さらに、韓国の国会の議長が「慰安婦」について天皇陛下の謝罪を要求したりと、日本に対して理不尽な行為を積み重ねていますが、これも文大統領の全体主義的な思惑が表面化したものと言えるでしょう。

日本には、中国や韓国の全体主義的な野心を抑え込むための戦略的発想が必要です。トランプ大統領の描く非核化プロセスの実現を支援するとともに、朝鮮半島に影響力を持っているロシアとの連携を取りつけることも大切です。また、北朝鮮の崩壊に備え、これまで韓国に配慮して行ってこなかった、長崎の五島列島や対馬、島根の隠岐の島、新潟の佐渡島などに自衛隊の基地を置くことも、早急に検討するべきです。

憲法9条改正と防衛予算GDP比2%は国家として当然の責務

米国の対中国政策の変化に始まり、日本が取るべき外交戦略を考えてきましたが、国防戦略においても、大きな転換を迫られています。

それは「自分の国は自分で守る」ことです。戦後政治のタブーを一つずつ破っていくべきだと考えています。

まず、憲法9条第2項の「戦力不保持」「交戦権否認」は改めなければなりません。自衛隊については、日本の主権を守り、世界の平和の建設に貢献するための「防衛軍」とすることです。

憲法9条に自衛隊を明記する「加憲」という考え方が2017年5月に安倍首相から提示されましたが、それでは、抜本的な国防強化にはつながりません。自衛隊の「違憲」論争に決着がついたとしても、「戦力」についての神学論争は続くはずです。これでは首相が掲げてきた「戦後レジームからの脱却」どころか、「維持」することになってしまいます。

安倍首相が今の憲法の規定の範囲内で、集団的自衛権の限定的行使容認に転じ、保有する装備を充実させていることは評価できますが、真正面から国民に対して、9条改正がなぜ必要なのかを訴えなければ、戦後の呪縛は解けず、日本はいつまでも「半主権国家」のままです。

防衛予算のGDP比1％の壁も取り去り、2％水準に上げるべきです。各国の2017年の防衛費をGDP比で見ると、米国は3・1％、中国は1・9％（中国政府の公表値／実際はその倍以上と言われる）、韓国は2・6％、英国は1・8％と、いずれも1％を超えていますが、日本は0・9％と、先進国で唯一1％を下回っていました。日本は2019年度の防衛予算を前年度より増額して約5・25兆円としていますが、それでもGDP比1％を下回る水準です。

トランプ大統領は、例えば、NATO加盟国に対して、最低GDP比2％の防衛費負担を要求していました。アジアでは韓国に、米軍駐留経費の増額を強く迫りました。日本だけが例外視されることはありえません。日米貿易交渉の過程などで今後、米国側から指摘される可能性は高いと思います。

そもそも、後ほど触れる、宇宙・サイバー・電子領域での戦闘となれば、防衛費は現状の額の少なくとも2倍は必要です。今、一部の国会議員や安全保障の専門家にも理解が広がりつつありますが、党の政策として防衛費倍増を掲げているのは幸福実現党だけです。

また、東南アジアの首脳たちも、「強い日本」であってほしいと期待していま す。日本に向かう輸送船の航路を守っているのは、主に米軍です。中国が進出している南シナ海から台湾南方のバシー海峡は、日本にとっても生命線です。今、中国の野心を抑え込むために、米国海軍は何度も「航行の自由作戦」を行っていますし、英国やフランスまでもがアジアの海に出てきていることを、日本人はもっと知る必要があります。自国の経済成長だけを考えていればいいというのは、発展途上国の発想です。

米国は、かつて日本を警戒していた時期もありましたが、少なくとも今のトランプ政権は、日本がアジアで責任を果たす国となることを望んでいます。

白人優位の人種差別が当たり前だった時代に、経済的にも軍事的にも文化的にもアジアに冠たるリーダー国だった日本は、世界史の奇跡です。さらに、経済大国として「高貴なる義務」を果たすことに日本人が誇りを感じられるようになれば、この国はさらに輝くと思います。

すでに始まった宇宙戦と電脳戦

次は、「宇宙戦争の時代」に入るのです。

それは、「どちらが先に、相手の人工衛星と宇宙ステーションを壊すか」という戦いです。そして、その戦いは、コンピュータの系統を狂わせてしま

うという戦いから始まるわけです。

そのとき、日本はまったくの蚊帳の外に置かれることになるでしょう。しかし、これこそが、すでに秒読みが始まっている「次の戦い」の真相なのです。

『繁栄への決断』より

未来の国防にも触れたいと思います。憲法9条を改正したとしても、国を守る最先端の戦いにおいては、日本は〝周回遅れ〟というのが現実です。

日本は、通常兵力で世界トップクラスではありますが、現在、自国で戦闘機を製造しているわけではありませんし、弾道ミサイルも持っていません。サイバー戦といっても、100人ほどのサイバー防衛隊を立ち上げたばかり。宇宙戦に至っては、日本独自で有人宇宙ロケットを打ち上げたこともない状態です。

中国は、まだ米国におよばないとはいえ、核ミサイルや空母をはじめとする様々な最先端の兵器を国産化しています。サイバー部隊は、中国人民解放軍61398部隊が有名ですが、総勢10万人を超えているとも言われています。宇宙戦については、30年以上前から構想を立てており、最近では、中国独自の宇宙ステーションの建設を進めたり、他国の軍事・経済の要となる衛星を破壊するキラー衛星の実験も行ったりしています。

制海権・制空権の次は、サイバー空間を支配するとともに、「人々の脳」や「意識」をコントロールする制脳権、宇宙における制天権をめぐる争いとも言われます。米国や中国、ロシアが、このような分野でしのぎを削っている中、日本は、「憲法」と「予算」が足を引っ張っているのです。

このような状況ではありますが、日本の国防強化のために確実かつ具体的に何ができるのでしょうか。

これまで幸福実現党は、沖縄で盛り上がる反米、反基地運動などの影響から、沖縄の在日米軍基地が撤退する可能性も念頭に置き、「核装備」も選択肢に入れることを提案してきました。日本は世界で唯一、原爆を投下された国です。わが国に核の照準を合わせる国がある以上、二度と核を落とされないため、敏感に反応することは許されるはずです。

加えて考えるべきは、ミサイルや航空機、船など、海を越えてくる攻撃にどう対処するかということです。飽和攻撃、つまり、一度に大量のミサイルやドローンを用いるなど、防衛処理能力の限界を超えた攻撃に対しては、現在の自衛隊の装備ではすべてを迎撃することはほぼ不可能でしょうし、際限なく防衛費を増大させる必要が出てきます。もともと海岸線が長く、数千の島々を抱える日本の防衛は大変難しいのです。

そこで、数年以内に現れる新次元での戦いを見据え、「電磁兵器」などの技術開発・配備を早急に推し進める必要があると考えます。電子戦・電磁兵器の分野では、最先端の防衛システムを構築できる可能性があります。

相手国への電波妨害や、電子機器の破壊・無力化は十分に可能です。衛星や早期警戒機の機能を失くしたり、雲霞《うんか》の如く攻撃してくるドローンや無人機を、あたかも殺虫剤を噴霧して蚊を落とすかの如く、無力化したりすることができるのです。能力を向上させれば、飽和攻撃を仕掛けてくる巡航ミサイルや弾道ミサイル、さらには、航空機や艦船、地上部隊のほとんどすべてを無力化することも可能でしょう。もちろん、イージス・アショアに代表されるミサイルなどの物理的打撃は最終的な破壊兵器として、ある程度の数量は必要でしょうが、これからの戦争では、電磁波攻撃や電子戦も主流となることが予想されます。

こうした新兵器開発に必要な防衛予算を十分に確保し、中国の軍事的覇権を抑止するための切り札として活用すべきでしょう。

防衛予算の財源としては、相続税が免除となる防衛国債を50兆円ほど発行してはどうかと思います。日本の家計金融資産は１８００兆円を超えているとのことですから、すぐに集めることができるでしょう。また、その予算は航空・宇宙産業の発展にもつながるでしょうから、乗数効果が大きいお金の使い方です。

今の日本の外交・防衛に必要なのは、脅威に屈しないという「正義」です。また、トランプ大統領の中国封じ込め政策と歩調を合わせて外交の決断を行う「勇気」であり、国家の義務を果たすために、憲法改正や防衛予算倍増などにも果敢に踏み込む「独立自尊の気概」、そして、新しい構想・発想を生み出し、取り入れていく「創造力」だと思います。ここからが正念場です。

2. デフレ完全脱却で成長経済へ

消費増税でアベノミクスは失敗した

私は、「デフレから脱却し、経済が巡航速度で上がっていくようになり、余裕が出れば、消費税率を上げることも可能ではあるでしょう。しかし、デフレから脱却する前に消費税率を上げてしまったら、要するに、『金が欲しい』と思って先に取りに入ったら、経済は浮上しませんよ」という、当たり前のことを言っていたのです。

『自分の国は自分で守れ』より

「繁栄の国づくり」のためには、序章で申し上げたように、日本人を縛りつける社会主義的発想を断ち切る必要があります。本章では、それを具体化するための政策について考えてみたいと思います。

まず、なすべきは「デフレからの完全脱却」です。

デフレというのは、「デフレーション（収縮する）」の言葉どおり、日本経済が縮んでいってしまうことです。経済学的には「物価が下がる」という現象で観測されますが、要するにインフレの逆で「商品をつくるだけでは売れない」社会となり、企業の売上が減り、お給料も減ってしまいます。そして人々はさらに買い物をしなくなる。この悪循環が止まらないのです。デフレ即不況というわけではないのですが、「必要のないものは生き残れない」という非常に厳しい環境になります。

では、デフレ完全脱却のためには何が必要なのでしょうか。

２０１２年末に誕生した第二次安倍政権は経済政策の目玉として「アベノミクス」を打ち出しました。その内容は三本の矢と呼ばれ、「大胆な金融緩和」「機動的な財政政策」「成長戦略」の三つの柱で構成されます。

安倍首相はまず「デフレ脱却」をターゲットに一本目の矢「異次元金融緩和」を放ちました。企業が〝異次元〟規模でお金を借りやすくしたのです。これで投資が活発になれば、新しい事業も始めやすくなり、次第に家計も潤い、消費が喚起され、物価も上がっていきます。そのために安倍政権は日銀総裁に黒田東彦《はるひこ》氏を指名しました。日銀は伝統的にインフレファイターとして物価上昇を抑えることを本務とする考えが強かったのですが、黒田総裁は、就任直後の2013年1月の日銀金融政策決定会合で「物価安定目標2％」を定めました。

同年4月、黒田総裁は「物価安定目標2％」を達成するために、大胆な金融緩和を続けることをコミットメント（約束）したのです。これはかなりの衝撃で、物価も徐々に上がり、景気も拡大局面に入ろうとしていました。

財政政策で景気を刺激し、さらにイノベーションを促進するための規制緩和を行う――。これらの施策が相乗効果を生めば、まさに理想的な展開でした。政府が〝冷や水〟さえ浴びせなければ……。

２０１４年４月、安倍政権は消費税を５％から８％に上げてしまったのです。

当時、増税を目前に控えても、財務省をはじめ、エコノミストの多くは「消費増税の影響は軽微にすぎず、景気に与える影響についてはそれほど心配する必要はない」と高をくくっていました。

しかし、実際はどうだったでしょうか。実質家計消費支出の推移をグラフで見ると、２

実質家計最終消費支出（持ち家の帰属家賃除く）

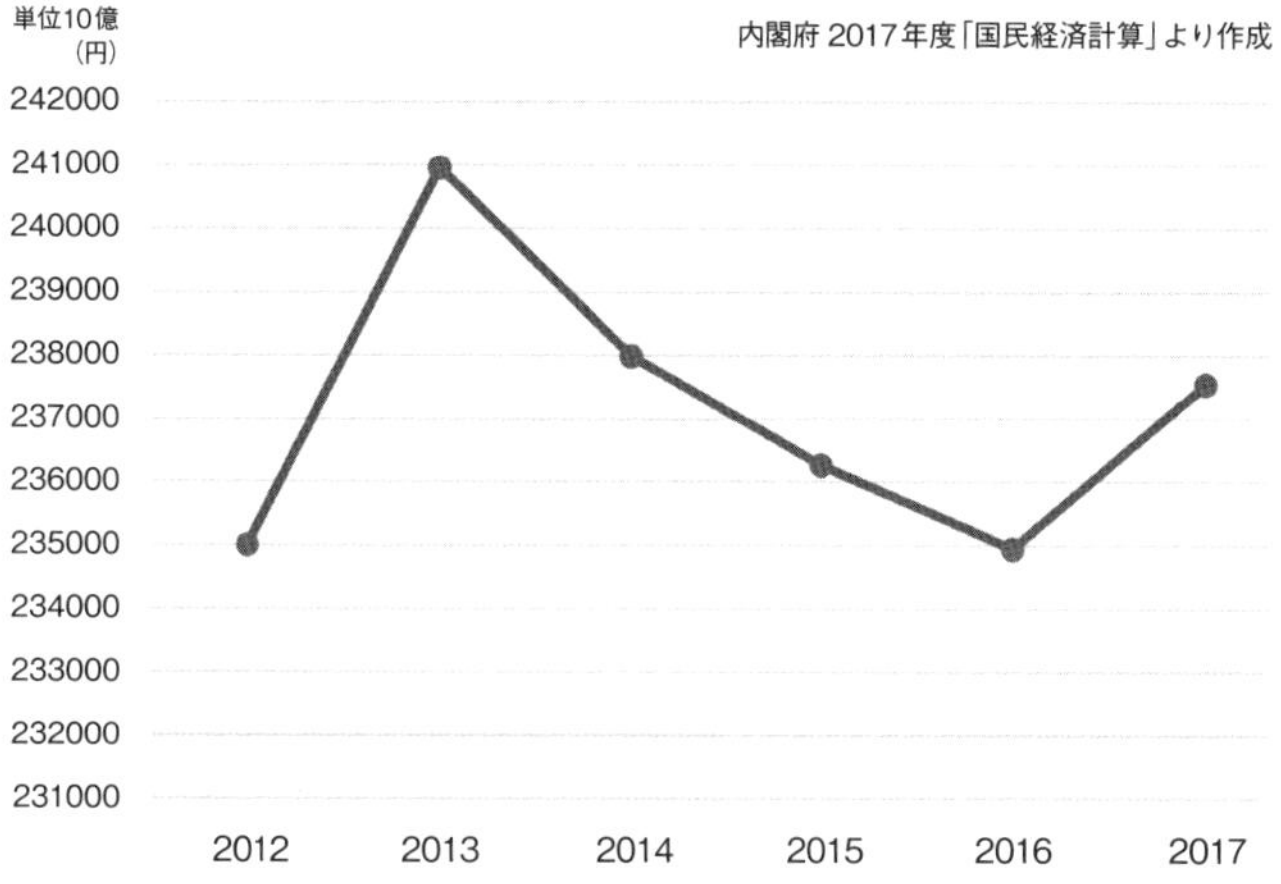

内閣府 2017年度「国民経済計算」より作成

2014年の消費増税で家計の消費は数年にわたって落ち込んだ。

０１４年４月の消費税増税で消費が一気に落ち込み、未だに低迷が続いていることとは一目瞭然です。「消費増税がどれだけ消費者の心を冷え込ませ、企業の投資意欲を失わせるか」という単純なことを予想できなかったのです。

デフレ脱却の指標の一つである物価も振るいません。消費者物価指数（コアCPI）も１％程度のままで、「物価安定目標２％」には届いていません。

２０１３年４月から始まった金融緩和の後、当初の狙い通り、コアCPIは順

消費者物価指数（コアCPI）の推移グラフ

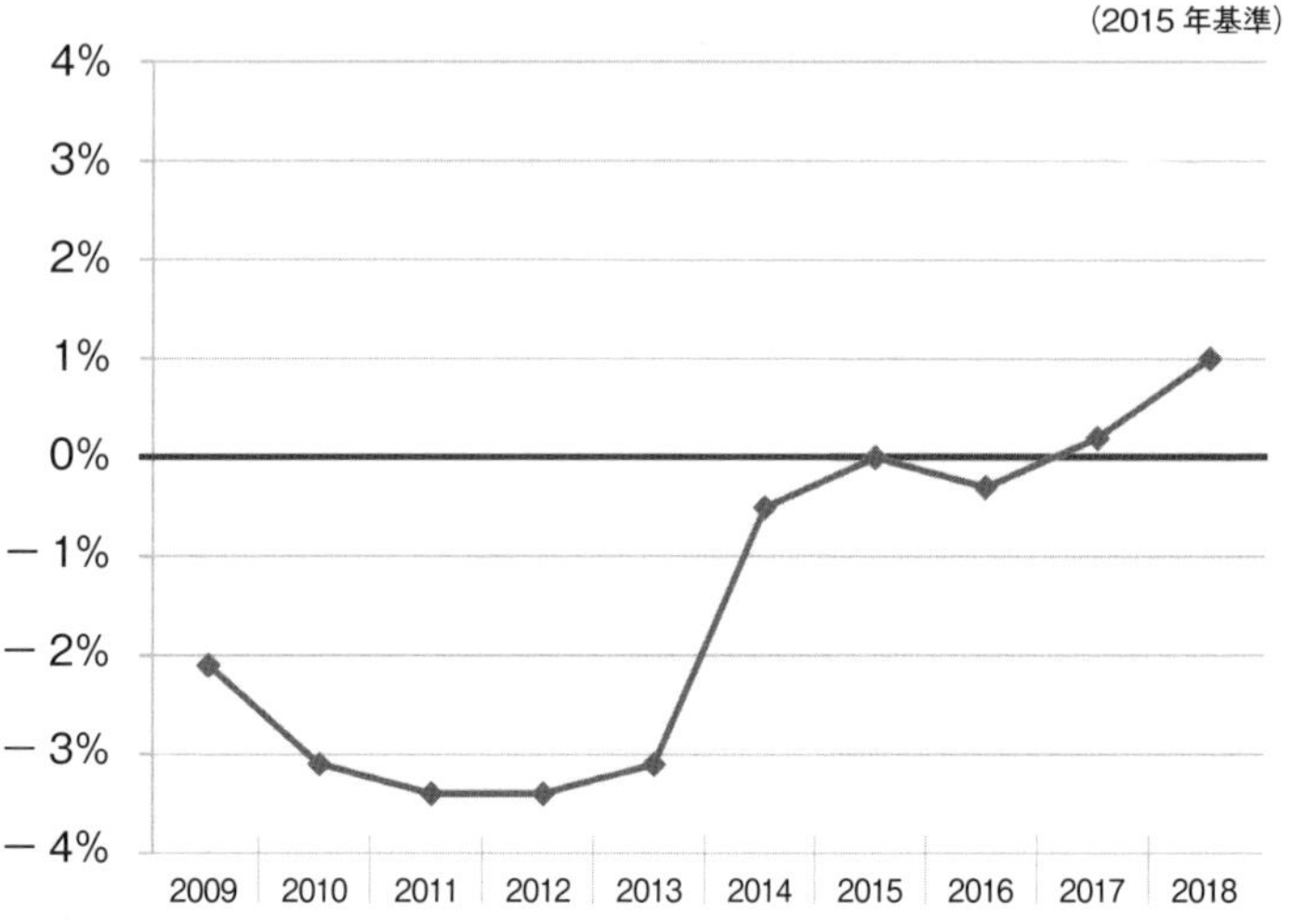

総務省統計局資料より作成

10 年ほどは物価のマイナス基調が続き、デフレが克服できていないことがわかる。

調に上昇していたのですが、増税後に勢いがなくなり停滞してしまいました。最近は1％前後をさまよっています。これは、日本人の消費マインドが冷え込んだ結果です。

すなわち、消費税8％への増税で、安倍政権は悲願のデフレ脱却のチャンスを逃してしまったのです。その後、安倍政権は現在に至るまで「デフレ脱却宣言」ができておらず、先進国の中で日本だけがデフレから抜け出せない状況が続いています。

幸福実現党は2009年の立党時から「積極的な金融緩和」「インフレ目標」など、アベノミクスの金融緩和に相当する経済政策を打ち出していましたが、「消費減税」を強く主張してきました。

「景気回復」と「消費増税」を同時に行うことは、アクセルとブレーキを同時に踏むようなものであり、過去の教訓を考慮すると消費増税が日本をデフレ状態のままにしてしまうことは明らかです。

ならば消費税10％への増税などはもってのほかです。むしろ5％に減税し、デフレ脱却を急ぐべきです。減税などによって消費が活発になってこそ、金融緩和は効果を発揮します。規制緩和も進めば、新たなビジネスを生むことになります。私たちが見たことのないような好景気が、日本に訪れることになるのです。

マイナス金利は「資本主義の精神」を傷つける

日銀は「金融緩和」を現状のままで維持しようとしていますが、ややバブルの気が出てきていることは事実です。

安倍政権の間だけは平均株価を支えようとしているのでしょうが、日銀が株を売り払い始めたら、一気に暴落が始まるので、「どこまで支えられるか」が問題です。（中略）「極めて社会主義的になっている」と思います。

『危機のリーダーシップ』より

安倍政権がデフレ脱却の手段として始めた異次元の金融緩和ですが、消費増税によって急ブレーキが踏まれた後も無理やり推し進めたため、最近では副作用の方が懸念されるようになりました。

現在の日銀は、金融緩和の一環として、大量の日本国債を購入しています。ほかにも年間６兆円ほど（２０１８年は６兆円超え）、ＴＯＰＩＸ（東証株価指数）に連動したＥＴＦ（上場投資信託）などを購入しています。

その結果として日銀が保有する日本株の残高は２０１８年末時点で23兆円を突破したと推定されています。今や大手企業の筆頭株主が実質的に日銀であるという例も珍しくありません。ユニクロで有名なファーストリテイリングの株式は、２０１９年１月末時点で18・４％を日銀が所有している計算になり、日銀が事実上の筆頭株主になっています。

中国の上海株式市場では、政府による株価操作が行われ、何とか株価下落を食い止めようとしていると批判されていますが、実は、日本も同じような社会主義的な政策を取っているわけです。

今後、日銀が大量の株を買い支えるという応急処置から、平常な状態に戻す「出口戦略」の議論の中で、マーケットを混乱させずに、積み上がった日本株をどのように処分するかが大きな課題として残ります。

また、2016年2月に導入したマイナス金利も「資本主義の精神」を傷つけるものです。コツコツとお金を貯めて大きくしていくこと——つまり二宮尊徳が言う「積小為大《せきしょういだい》」の精神は、勤勉に働いて蓄えた元手を大きくし、富を集中させることでダイナミックな投資を可能にし、大きな成功を目指すというものです。ところが、マイナス金利は「お金を貯めると、罰を与えられる」という真逆の考え方に基づいています。これではお金を貯めようとは思う人は少なくなりますし、お金が貯まらなければ投資もできなくなります。

実際、マイナス金利導入後、資本主義経済の中で重要な役割を担う銀行の収益力は落ちています。メガバンクは海外収益の割合が大きいため、あまり影響がないように見えますが、マイナス金利の影響で利ざやが減り、本業で得た業務純益は伸びていません。メガバンクの株価低迷がその苦境をよく示しています。

とりわけ、マイナス金利の悪影響は地方銀行で顕著に表れています。例えば、東京証券取引所などに上場する地方銀行79社の２０１８年4～12月期の決算では、減益傾向が鮮明になっています。今後、地方銀行の合併や統合が予想されていますが、収益悪化に対する危機感を反映したものです。地方創生がうたわれて久しいのですが、地方の中小企業を資金的に支援する地方銀行の経営が揺らげば、地方経済に悪影響を与えることは避けられません。

日銀がマイナス金利にまで踏み込んでいるのは、２０１４年の消費増税でデフレ脱却が遠のき、金融緩和でさらなるアクセルを踏まざるを得ないという面もあるのでしょう。ただ、日銀頼みのデフレ脱却だけでなく、「国を富ませる」という王道によって、経済を強くしていくべきではないでしょうか。

「どうせ増税する」と思うから、国民の財布の紐は固くなる

「日銀からお金を大量に供給すれば、市場にお金が溢れ、人々がそれを使うようになるだろう」という発想から金融政策が取られているわけですが、現実には、人々の財布の紐は固くなっています。消費が冷え込んでいます。お金を使わなくなってきています。それは、安心して未来を見ていられないからだと思います。

『地球を救う正義とは何か』より

日本では個人も企業も、「政府はいずれ増税するだろうから、将来デフレに逆戻りするだろう」という「デフレ・マインド」が根強く残っています。そのため個人はお金を消費に回さず貯蓄し、企業は設備投資に慎重になり、利益が出ても固定費を抑えるために賃金アップを控え、なるべく現預金を手元に置いておこうとします。

例えば、政府は2019年10月の消費税10％への増税対策として、ポイント還元などを検討していますが、手取りが下がる一方で、先々の展望が見えない今の状況では、国民は貯蓄にお金を回すだけでしょう。現状では、個人の金融資産や企業の内部留保はどんどん積み上がり、お金の回転が遅くなっています。政府は事あるごとに、「企業の内部留保を吐き出し、賃金を上げろ」と経済界に圧力をかけていますが、企業の行動は合理的です。

日本にとっては、デフレ脱却を実現することが先決なのです。そのためには、お金を借りやすくする金融緩和だけではなく、借りたお金を使いたくなるような経済環境づくり、すなわち減税による景気活性化や、新たな事業を阻む規制の緩和や撤廃などが必要となります。

今すぐに必要な一手は、「安定的なインフレ目標2％を達成するまでは、絶対に消費増税を行わない」という政府のコミットメントを国民にはっきりと示すことです。国民が安心して消費できるようになれば、景気もよくなり、企業の設備投資も前向きになるでしょう。

しかし、中国経済の低迷など、外部環境の先行きに陰りが見え始めた今となっては、それだけでは十分ではありません。幸福実現党は、デフレ脱却を確実なものとするために、①消費減税と、②未来型投資が必要だと考えています。

デフレ脱却のために①――消費減税で消費景気を

結局、景気のよし悪しとは、「お金がよく循環しているかどうか」ということなのです。消費活動が活性化し、ものの売り買いが活発になれば、景気全体はよくなります。資金が、どのくらいの流通速度、回転速度で回っていくかによって、景気は、よくもなり悪くもなります。資金が動かなくなったら不況になってくるのです。

そこで、「資金の回転速度を速くする」という方法をとろうとしているわけです。

『幸福実現党とは何か』より

日本のＧＤＰの６割は消費で成り立っています。この消費を刺激する政策が必要です。デフレから脱却し、消費景気を実現するためには、「消費税の増税凍結」だけでは不十分です。前回の8％増税の後遺症は未だに続いており、実質賃金も実質家計消費も減少したままです。「消費税5％への減税」に踏み込み、消費景気を起こせば、お金の回転も早くなり、日本の景気は年率3％～4％の成長軌道に戻るでしょう。

ノーベル経済学賞を受賞した米プリンストン大学のポール・クルーグマン名誉教授も、日本の2014年の消費増税を「自己破壊的な政策」と指摘し、著書『2020年世界経済の勝者と敗者』で、「日本に必要なのは、消費増税ではありません。国民の多くが、『これからは給料も上がるし、物価も上がる。だからいまのうちにもっとおカネを使おう』と思えること。（中略）では、そのために最も効果的で、なおかつ手早い政策は何か。それは、増税した消費税を一時的に減税することです」と、「消費税5％に戻すこと」を勧めています。

また、2014年の消費税8%への増税後、前述のとおり個人消費は未だに回復しておらず、日本経済は輸出に頼っている状況です。しかしその輸出も、米中貿易戦争の影響もあり、中国経済の低迷は深刻化し、対中輸出への依存度が高い輸出企業を中心に業績の下方修正が相次いでいます。将来の不測の事態に備え、消費税を5%に戻して消費景気を起こし、内需主導の景気拡大を目指していくことが大切です。

なお、最近、消費税を減税すべきと考える経済学者やエコノミストから、当局の「指導」により言論が封じられている実例が次々に判明しています。

経済学者の岩田規久男氏は、著書『日銀日記』で、2013年の日銀副総裁着任の直後、財務省の木下康司主計局長が訪ねてきて、「副総裁になられたのですから、今後は消費税についての発言を慎んでください」とくぎを刺されたという事実を明かしています。

また、木下主計局長は、岩田氏の学習院大学教授時代にも大学を訪れ、「先生の論文のせいで消費税は必要ないという人が多くなって、困っています」とクレームをつけ、その理由として「景気は循環しますから、成長に頼って税収を確保するわけにはいきません」と主張していたということですが、民間の発想とはあまりにもかけ離れています。

幸福実現党は、「予算の単年度制」を改めるとともに、公務員の「省益あって国益なし」の発想を転換させ、その能力を前向きに発揮してもらうために、公務員の給与を景気連動型にすることを提言しています。現在、公務員の給与は民間の1・5倍もあります。国民に増税を押しつけるとどうなるのかを、身をもって理解してもらわねばならないのではないでしょうか。

デフレ脱却のために②――交通革命などの未来型投資を

やはり、行動半径が広がることで、ビジネスチャンスが増え、一日当たりの生産効率は上がってきましたよね。

そういう意味で、モビリティ（さまざまな交通手段を活用した移動性、機動性）を上げていき、すべての面でスピード感を上げていくという、ものの考え方が大事ではないかと思いますね。

『野獣対談――元祖・幸福維新』より

現在、リニア中央新幹線の建設が、東京－名古屋間で進められており、今後大阪まで延伸される計画になっています。幸福実現党は、真の意味で「地方創生」を実現するためにも、都心と地方との時間距離を縮めることのできる「交通革命」を実現すべきだと考えます。

具体的には、リニア新幹線を札幌→東京→博多まで、四国を経由して結ぶルートを提案しています。さらに、新幹線網を現行の計画よりもう一段進めて、リニアと新幹線で全国網をつくり上げていきたいと考えています。なぜなら、この「交通革命」によって「時間」を生み出すことこそが、経済成長の原動力になるからです。

例えば、電車のなかった江戸時代においては、江戸から京までの「東海道五十三次」、さらに京から大坂まで四つの宿を加えた「東海道五十七次」を、およそ15～17日程度で行き来していたようです。飛脚が休まず駆け抜けても3日はかかりました。

明治に入り鉄道の時代に入ると、新橋駅から神戸駅までの「東海道本線」が全線開通します（明治22年）。６００・２㎞を直通列車で、20時間5分の旅でした。

現在、東京から新大阪までは、新幹線のぞみを使って約2時間30分です。そして、リニアが開通すれば、東京―名古屋は40分、大阪まではわずか1時間7分に短縮されます。開業効果としては、東京―名古屋で総便益が約10・7兆円、東京―大阪で総便益が約16・8兆円との試算もあります。総便益とは、個人や集団の幸福と福祉につながる利益を貨幣単位に換算して表示したものです。

おもしろいことに、通勤圏や経済圏が、東京・名古屋・大阪まで広がると、一つの都市として統合されるようになり、約7300万人の巨大な都市圏が

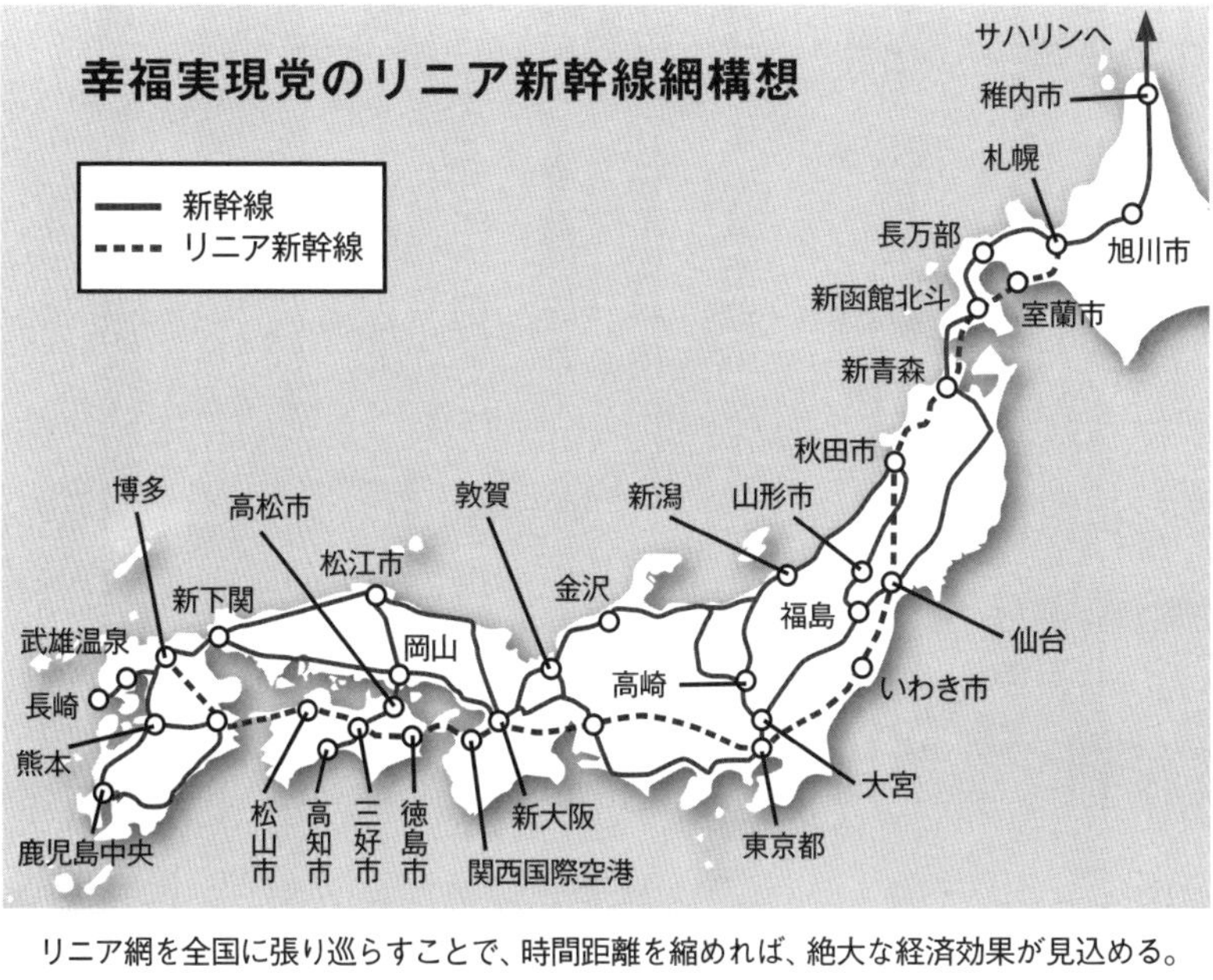

リニア網を全国に張り巡らすことで、時間距離を縮めれば、絶大な経済効果が見込める。

誕生します。世界は「都市間競争」の時代に入っていて、国の経済成長は「都市」の成長に依存すると主張する人もいます。世界最大規模のスーパーメガ地域が出現するのですから、世界経済にも大きなインパクトを与えるでしょう。

従来型のバラマキ政策である「地域振興券」や「定額給付金」などに対しては、これまでも「タコが自分の足を食うようだ」「まるで配給制」といった批判が尽きませんでしたし、特段の経済効果も実証されていません。それよりも、中長期的視点を持ち、日本経済の課題である潜在成長率を現在の1%程度から2%以上に底上げし、将来にわたってGDPを伸ばしていくような、まさに政府でなければできない「未来型投資」に取り組むことが大切です。

ちなみに、中国の上海浦東国際空港のアクセス線でもリニアは走っていますが、ドイツのトランスラピッドを採用したもので、同じ「磁気浮上式鉄道」ですが「超電導」ではなく「常電導」で、技術的には似て非なるものです。例えて言えば、類人猿と現生人類ほどの違いがあるとも言われ、日本の技術レベルを実用化できる国は、一つもありません。

次の基幹産業は「航空機産業」と「宇宙産業」

日本の工業はかなり進んでいますが、航空機産業や宇宙産業は、まだ十分ではないので、ここを開拓しなければいけません。

『政治の理想について』より

世界の航空機産業の市場規模は現在約25兆円ですが、航空旅客需要は今後20年で約2・4倍に成長する見込みであり、市場規模は今後も拡大すると予測されています。しかし、航空機産業における日本の世界シェアは約4％しかありません。自動車産業の世界シェアが約23％であることと比較すると、今後の成長産業としての可能性は大きいでしょう。せめて、自動車産業と同じくらいの世界シェアを目指すべきだと考えています。

航空機は数多くの部品で構成されており、例えば、ボーイング777は約300万点の部品で成り立っています。自動車が2〜3万点と言われているので、裾野が広い産業であり、日本経済を支える基幹産業として育成することができれば、雇用を増やし、所得を高めることは間違いありません。

日本の技術力は世界で評価されています。例えば、ボーイングの機体の素材は東レの炭素繊維を使用していますし、エンジンにも多くの日本製品が使われています。しかし、日本国内では完成機までは造れておらず、唯一、三菱リージョナルジェット（MRJ）が2020年の納入に向けて、開発の最終段階にあるだけです。今後、大胆な資金供給を行い、日本の基幹産業として育てるべきでしょう。

宇宙産業については、宇宙輸送コストが低くなり、２０２０年から２０３０年には現在の数十分の一になるとの見込みもあります。ビジネスとして成り立つ条件が整いつつあることから、産業としての将来性があります。将来的には、衛星サービス（通信・放送・リモートセンシング）や宇宙・惑星探査、宇宙輸送にかかわる需要、もっとコストが低くなれば、観光や旅行などのエンターテインメントの需要も出てきます。さらに、日本の宇宙産業の拡大にあたっては、新興国を中心に成長する海外市場を取り込んでいくことも可能でしょう。

このようなポテンシャルの高い宇宙産業を日本の基幹産業にするためには、従来の官主導のスタイルにこだわらず、規制緩和を進め、税制上の優遇措置を設けるなどして、ベンチャー企業をはじめとした新規参入者の層を厚くすることが大事です。欧米では、スペースX、ブルー・オリジンなどが宇宙輸送システムを再使用することで宇宙ロケットの打ち上げコストを削減し、火星移住計画や宇宙旅行などの新しいサービスを創出しています。日本にお金は潤沢にあるのですから、長期銀行の復活など、中長期的な視点から、こうした新規参入をバックアップする金融機能を強化すべきです。

3. 脱グローバリズムで「メイド・イン・ジャパン」の復活を

グローバリズムに伴う「産業の空洞化」がゼロ成長の根本原因

日本がこの二十五年間で衰退したことには幾つかの原因があると考えられますが、私は、その核心は「グローバリズム」だと思うのです。（中略）安い人件費でやっているところから、日本を通さずして、ほかのところに売っても構わないというのは、要するに、企業がグローバル化することによって、「税金逃れ」をできる体制ができてしまったことを意味します。これをもう少し、「国内に税金を払ってくれる体質へと戻す必要がある」のではないでしょうか。

『繁栄への決断』より

日本はバブル崩壊後、「失われた30年」と言われる経済的衰退を経験しました。序章でも指摘したとおり、米国や英国などのほかの先進国が同じ期間でGDPを大きく成長させているにもかかわらず、日本だけがほぼゼロ成長だったのです。

日本経済の停滞には前述のとおり消費増税が大きく影響していますが、より根本的な原因は、グローバリズムに伴う「産業の空洞化」にありま

主要国の名目GDPの推移

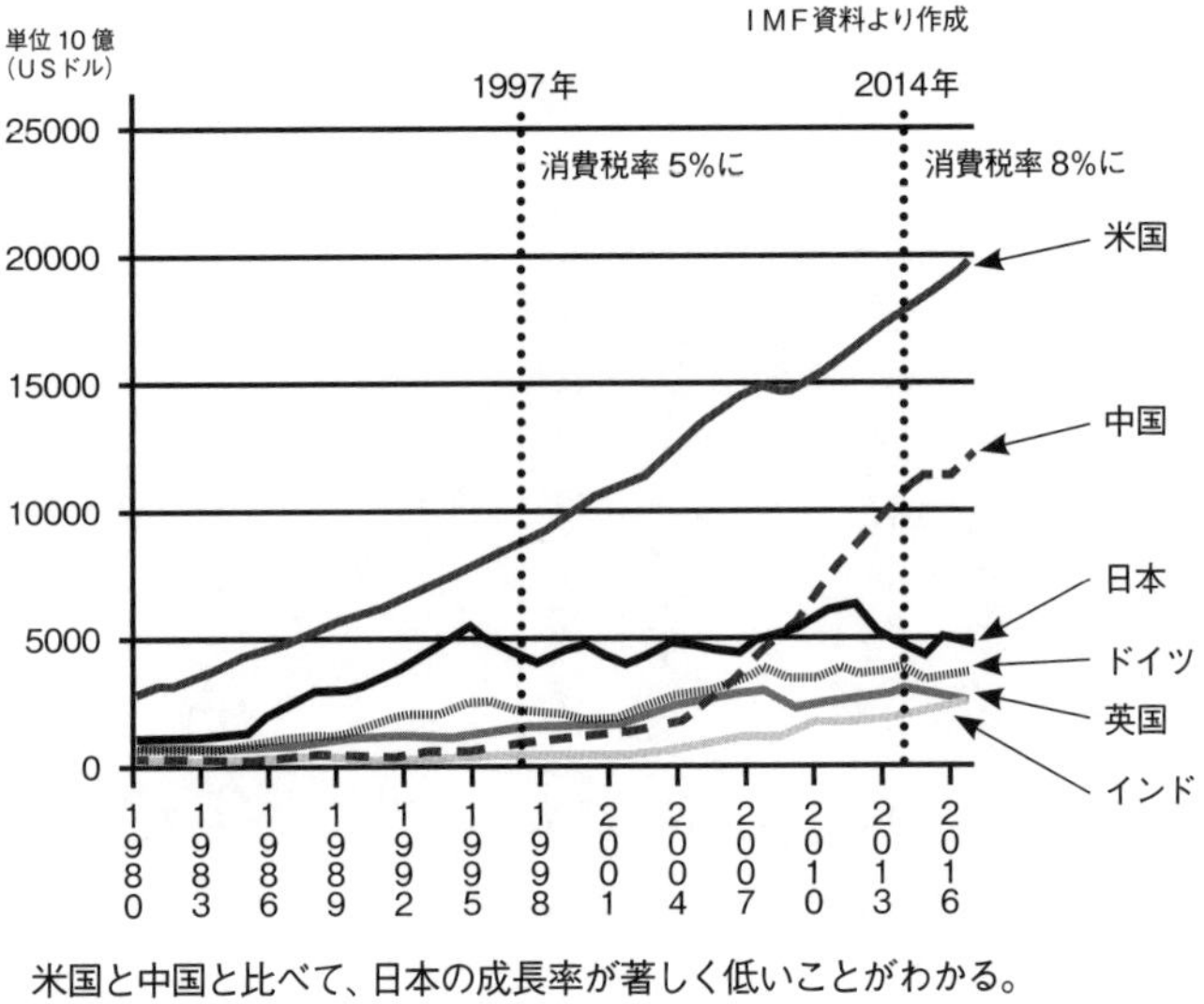

米国と中国と比べて、日本の成長率が著しく低いことがわかる。

した。

きっかけは、1985年、先進5カ国蔵相・中央銀行総裁会議で発表された「プラザ合意」です。当時は米ソ二大大国の間でいつ戦争が起きるかと世界中が恐れていたのですが、レーガン大統領は「強い米国」を掲げて、ソ連と軍事拡張競争を行いました。その結果、牛に負けまいとお腹を膨らませ続けたカエルが破裂したイソップ童話のように、経済的に破綻し、ソ連は1991年に崩壊しました。戦闘を交えずに冷戦を終わらせた米国の功績は大きなものでしたが、軍事費の膨張により、「財政赤字」が膨らんでしまったのです。

また、レーガン政権は、強い国は通貨も強くあるべきだと考え、「強いドル」政策を取りました。そのため、ドル資金への需要が高まり、海外から米国に株などの投資資金が集中して、ドル高が進みました。すると米国からの輸出が減り、輸入品があふれることとなりました。日本車などが大量に流れ込み、「貿易赤字」も膨らみました。

こうして米国は財政と貿易の〝双子の赤字〟に苦しむことになったのです。日米の貿易摩擦が深刻化し、日本車が燃やされるなど、一時期は一触即発の状況となりました。

そこで、米国の主導のもと、英・仏・西独・日本の5カ国が協調して、ドル高を是正するために、それぞれの通貨を切り上げました。1ドルが240円、200円に、2年後には120円台にと、急激な円高が進んでいきました。円高は、輸入企業には安くモノを買えるのでプラスに働きますが、輸出企業は商品の価格競争力を維持するために設備投資や人件費を抑えなくてはなりません。車、家電、衣料品などのメーカーの多くが、自社工場を日本国内から海外に移しました。

その結果、どうなったでしょうか。地方の雇用と経済を支えていた工場が日本から姿を消してしまい、未だに地方は元気がないままです。「生まれ育った故郷で就職し、家庭を持つ」という人生設計が立たず、若者は次々に都会へと出ていくようになり、全国各地で少子高齢化が地域の課題として重くのしかかります。アベノミクス効果による好景気は、戦後最長の「いざなぎ景気超え」と言われていますが、地方でなかなか景気実感を持てない理由もここにあります。

また、海外に拠点を移した日本企業は、現地で雇用する従業員に給料を支払っています。日本国内で雇用した場合、これらの給与所得に対する所得税は日本国に納税されますが、現地で雇用した場合は、その国の税収となります。ユニクロのように、中国での現地生産で成長した会社もありますが、グローバル企業として世界に進出していった企業は、発展すればするほど、日本に法人税を納めなくなってしまうので、富がどんどん海外に流出してしまっているのが現状です。日本企業の成長・発展が、日本の国家としての繁栄につながるように、今後は健全なナショナリズムのもとで、企業にも愛国心を求めていかなくてはならないでしょう。

また「産業の空洞化」は、日本人の所得水準にも影響を与えています。実際に、2017年の一世帯あたりの平均所得額は、1995年に比べて約120万円も下がっています。製造業の生産拠点が相次いで海外に移転すると、国内にはサービス業だけが残り、そのシェアが高くなります。安倍首相はアベノミクスで雇用が増えていることを、ことさらに強調していますが、雇用が増えているのはサービス分野の中の主に介護などの社会福祉サービスが中心です。残念ながら、現状、

産業別雇用者数の増減（2012年と2016年の比較）

	項　目	就業者数増減
農業・製造業	農林水産業	－18.2万人
	鉱業	－0.2万人
	製造業	－28.1万人
	電気・ガス・水道・廃棄物処理業	－1万人
	建設業	－10.2万人
サービス業	卸売・小売業	6.2万人
	運輸・郵便業	1.9万人
	宿泊・飲食サービス業	12.4万人
	情報通信業	11.3万人
	金融・保険業	－4.3万人
	不動産業	8.7万人
	専門・科学技術、業務支援サービス業	76.1万人
	公務	2.8万人
	教育	－1.6万人
	保健衛生・社会事業	100.1万人
	その他のサービス	11.8万人

内閣府 2016年度国民経済計算より作成

介護などの社会福祉分野の雇用が増える中（保健衛生・社会事業）、製造業の雇用は減少している。

多額の税金で成り立つ社会福祉分野の労働者1人あたりの付加価値は低く、大幅な賃金上昇を望むことは難しいでしょう。

しかし、製造業は、社会福祉分野に比べて労働生産性が高く、従業員の所得水準も高いことが特徴的です。日本国民の雇用拡大と所得向上を本気で目指すならば、国家戦略として製造業強化に取り組むべきではないでしょうか。

「デフレ・マインド」が染みつき、国民には消費よりも貯蓄を重視する傾向が強くなっています。政府の度重なる消費増税論議を見ても、消費が冷え込んだ現状のままでは、輸入を増やして好景気をつくることは難しいでしょう。

まずは、企業が日本に工場を造りたくなるような魅力的な環境を整備することが必要なのです。その実例となるのが、トランプ減税です。

トランプ減税で米国の製造業が復活した

アメリカは経済のスタイルを、第一次産業、第二次産業、第三次産業から第四次産業へと、つまりサービス業を超える領域へとシフトしてきました。（中略）しかしドナルド・トランプは、一国の根幹部分には実体経済が不可欠であることに気づいています。彼はアメリカの産業を復活させることができるでしょう。

『トランプ新大統領で世界はこう動く』より

トランプ大統領は２０１７年12月、選挙公約としていた、10年間で１・５兆ドル（約１６５兆円）という大型減税法案に署名しました。新税制では、法人税率を35%から21%へと一気に14%も引き下げました。海外子会社からの配当課税も廃止し、設備投資の即時償却を設けて米国内の企業投資を後押ししています。企業減税の規模は10年間で６５００億ドル（約71・５兆円）と巨額です。

ＯＥＣＤの平均25％と比較しても米国の法人税率は高かったため、不満を持った米国企業が海外に本社や生産拠点を移していました。しかし、アメリカ・ファーストを掲げ、米国人の雇用拡大と製造業強化を目指すトランプ政権は、法人税率を大幅に引き下げました。今回の法人税減税が、一時的ではなく、恒久措置としての側面を持つことにも大きな意義がありました。野党の民主党は、「金持ちや大企業優遇」と批判しましたが、米国企業の国内回帰を促し、雇用を生み出す大きな力になっているのは間違いありません。

ほかにも、２０１７年までに米国の多国籍企業は、約２・６兆ドル（約２８６兆円）にのぼる資金を海外に貯めていましたが、海外子会社からの配当課税を廃止するとともに、海外の工場を売却したり、海外から米国に資金を戻す際の税金を減税したりしました。これを「レパトリ減税」（還流＝レパトリエーション）と呼びます。2018年1～3月だけで約12％に相当する約3120億ドル（約34兆円）の資金が米国に還流しました。米国企業は、株主への配当やボーナス、新規採用、設備投資、自社株買いなどにこれらの資金を活用しています。この経済的効果は非常に大きく、米国経済を押し上げる力にもなっています。

2018年10月、トランプ政権のもとで、「先進製造において米国がリーダーシップをとるための戦略」が発表されました。この背景には、中国が国家ぐるみで取り組む「製造2025」などへの危機感の高まりがあります。米国は今も科学技術イノベーションにおいて世界をリードしているものの、中国に技術の覇権を握らせないために、あらゆる産業界で先進製造のリーダーシップを取り、国家安全保障と経済的繁栄をもたらす、というビジョンを示したものです。具体的目標として、①新しい製造技術を開発し、移転する、②製造業人材を教育し、訓練し、結びつける、

③国内製造サプライチェーンの能力を強化することを挙げました。

　また、米政府が助成して「ＳＴＥＭ教育」（科学Science、技術Technology、工学Engineering、数学Mathematics）を普及させています。小学校などの義務教育から、大学、技術訓練学校まで、科学技術人材の輩出に力を入れているのです。米国の若者の多くは製造業の仕事は単調で、安月給だと思っていますが、その考えを覆す啓発活動も行っています。女性や障がい者、マイノリティにも職業訓練の機会を数多く提供し、雇用拡大を目指す。福祉を与えるよりも、雇用を与えることを重視するトランプ大統領の姿勢が示されています。

　１９９０年代に始まった米国の製造業での雇用の急激な減少は２００８年に加速しました。現在、製造業での雇用はリーマンショック前の水準をまだ回復していないものの、トランプ大統領の就任以来、製造業で新たに48万人の雇用が創造されました。日本経済の課題である「産業の空洞化」を解決するためにも、昨今の米国の取り組みは参考にすべき点が多いのです。

日本も法人減税と人材投資で企業を国内に呼び戻そう

ドナルド・トランプは、アメリカ企業を中国からアメリカに呼び戻し、日本もある意味、後追いするでしょう。日本企業は現地の会社を中国から日本に引き揚げ、国内で生産するようになるでしょう。

『トランプ新大統領で世界はこう動く』より

日本では2012年以降に円安の影響で国内回帰の動きが出始め、2015年頃から本格化しました。2017年には製造業の雇用者数が1000万人を超え、正社員の採用も増えており、消費や地域活性化にプラスの影響を与えています。

例えば、中国や東南アジアで日本製化粧品の人気が高まる中、資生堂は２０１８年２月４日、福岡県久留米市に化粧品の新工場を建設すると発表しています。百貨店の化粧品売り場は、ここ数年、外国人観光客が押し寄せ、中国語を話せる美容部員を配置するなど、一気に国際化が進みました。

少し前までは、日本の製造業は安い賃金の中国には勝てないと思われていましたが、中国や東南アジアで最低賃金が相次いで上昇するなど、コスト面で現地生産を行うメリットが薄れています。また、昨今の米中貿易戦争で焦点となっている知的財産権や独自の技術を失うリスクも顕在化し、日本企業の国内回帰を促しています。さらに、３Ｄプリンターや産業ロボットなどの技術進歩により、より少ない労働力で生産が可能となり、賃金の高い先進国で生産するメリットが増しています。

例えば、カシオの山形工場では自動化によって従来の５分の１の人数で稼働でき、人件費が４分の１のタイ工場と同等のコストで生産できるといいます。

２０１８年５月、経済産業省が発表した「ものづくり白書」では、海外生産を行っている企業のうち、約14％（前年調査と同程度）が過去１年間で国内に生産を戻しており、国内回帰の動きが一定程度継続して見られます。中国・香港からが全体の３分の２、続いて、タイと報告されています。

また、同白書では、海外進出企業が「国内回帰のために最も改善を期待する立地環境要因」として「法人税」や「為替レート」のほかに、「工場労働者」「高度技術者・熟練技能者」などの人材確保を挙げている点

国内回帰のために最も改善を期待する立地環境要因（第１位〜第６位）

経済産業省調べ（2017 年 12 月）

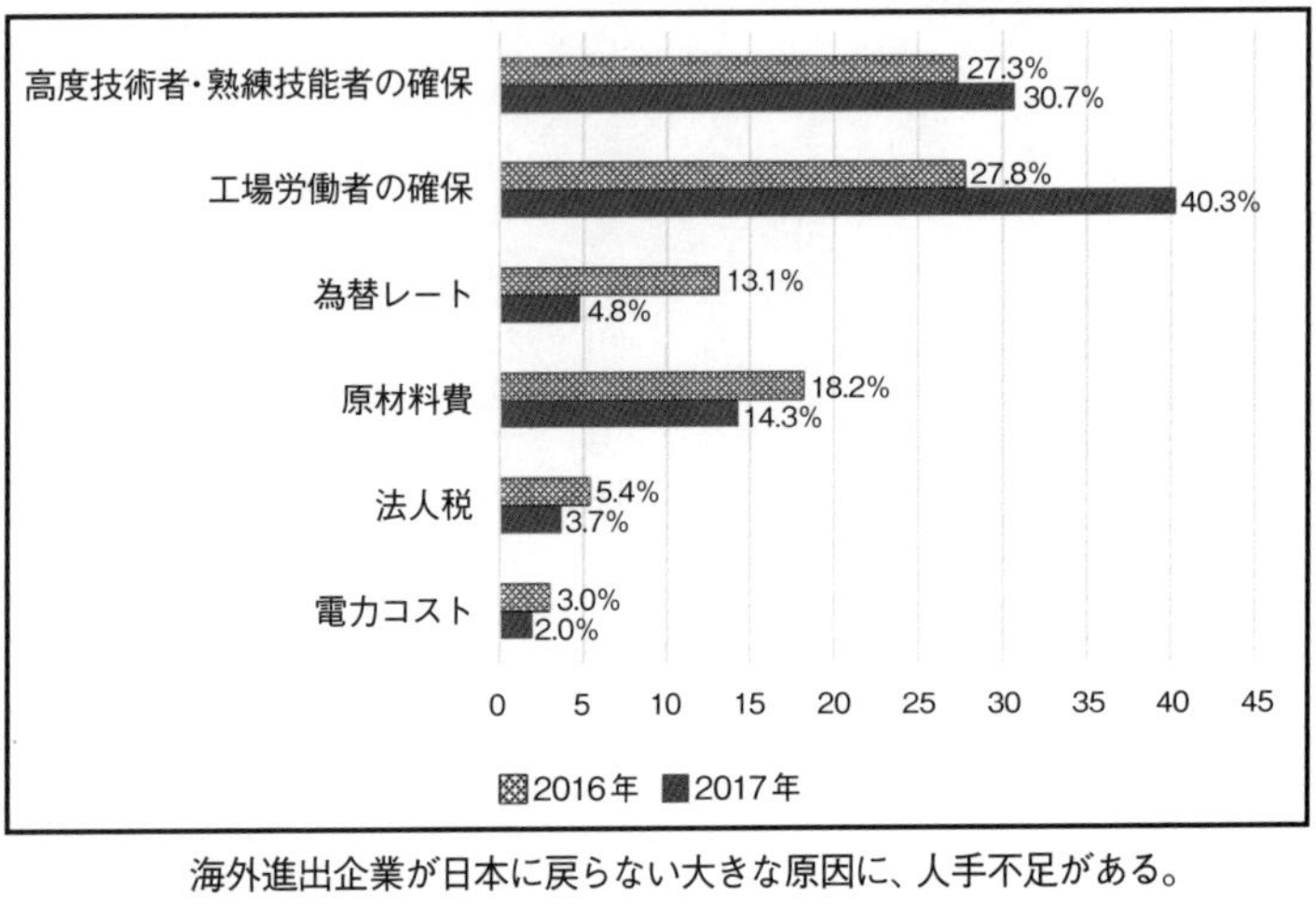

海外進出企業が日本に戻らない大きな原因に、人手不足がある。

が特徴的です。特に、中小企業では新規採用も容易ではなく、人材不足感が高まっていることがよくわかります。

日本経済が経験した長期停滞の根本原因である「産業の空洞化」の問題を解決し、経済成長を実現するためには、海外進出企業が抱える課題を解決し、「国内回帰」を強く促すことが重要です。法人税減税や、製造業に必要な人材養成のための教育などへの投資に積極的に取り組む必要があるでしょう。米国でも、前述のＳＴＥＭ教育にＡｒｔ（芸術）を加えてＳＴＥＡＭ教育が必要という気運があります。アップル創業者のスティーブ・ジョブズも美術や禅による宗教的インスピレーションを重んじていたように、創造性を引き出すことは今後の人材教育の鍵になります。こうした取り組みで日本の国際的な立地競争力を高め、「メイド・イン・ジャパン」の復活を目指すべきでしょう。

4. 経済成長なくして財政再建なし

名目5%以上の経済成長を

「将来的に、経済を成長させ、産業を発展させ、雇用を多く生み、また、税収を生むようなところに投資をするのはよいが、そうではないところに投資をするなら、無駄金になってしまう。その無駄金を使うために、増税をするのは反対である」ということを訴えているわけです。

『未来への国家戦略』より

日本の繁栄を実現するためには、これまで述べたように、現在の金融緩和路線を維持しつつ、消費減税を含む財政政策を速やかに実行し、デフレからの完全脱却を果たすことが先決です。さらに、リニアモーターカー建設などの交通革命や、航空・宇宙産業などの基幹産業を創り出すために大胆に投資し、毎年の名目ＧＤＰ成長率５％以上を目指すべきです。

これらの経済政策と併せて、日本企業の国内回帰を促し、付加価値の高い製造業の基盤を厚くすることにより、少子高齢化で悩む地方経済の活性化や、給料が増えず、税金と社会保障の負担増に苦しむ現役世代の中間層の所得を増やしたいと思います。

財政再建については、経済成長こそが財源であり、基本的に「経済成長なくして財政再建なし」と考えています。特に、現在のようなデフレ完全脱却に程遠い状況では、とにかく歳出を減らして赤字をなくす緊縮財政路線よりも、バラマキを抑えつつ将来の税収増につながるような未来型投資を優先すべきです。未来型投資の原資については、将来世代にわたって投資効果を分かち合うことから国債の新規発行で充当するのが適当でしょう。

財務省は財政再建を錦の御旗に掲げ、日本の借金が増えることのリスクをことさらに強調し、政治家やマスコミ、学者などを巧みに懐柔しながら「増税やむなし」の世論づくりに励んでいます。しかし、国の財務書類では2017年度末時点の負債約1240兆円から資産670兆円を差し引いた債務超過は570兆円程度です。さらに、日本の国債は自国通貨建てであり債務不履行のリスクがほとんどないこと、世界第2位の外貨準備高を持つ世界有数の債権国であることなどを考えると、日本の財政破綻を過度に恐れ、積極的な投資を控えるべきではないと考えています。

予算の単年度制廃止で、ダム経営を

財政再建をめぐっては、将来的には、1年度分のみ予算編成する単年度主義を廃止し、複数年度にわたって予算編成できるように憲法を改正すべきだと考えています。本来、予算編成は、憲法ではなく、法律に委ねるべきでしょう。

　現在の単年度予算制のもとでは、「その年度の予算は、その年度で使い切ってしまう」ことが当たり前になり、毎年度末の3月には予算消化のために土木工事が行われるなど、膨大な無駄を生んでいるのが現状です。

　そこで、単年度予算制を廃止し、国家運営に「ダム経営」の考え方を取り入れるのです。

「ダム経営」とは、「経営の神様」とも呼ばれた松下幸之助氏が推奨した理論です。川はいつも流れていますが、普段からダムに水を貯めることで、天候に左右されることなく一定量の水を供給することができます。そのように、経営において資金をダムのように一定量確保しておくことが、経営の安定化のためには大切だということです。つまりこれを国家経営に見立てれば、「景気に波があることを踏まえ、好景気で増収になった場合は、不況期に備えて積み立てておく。その代わり、不況になっても増税はしない」ということになります。このように「税収が増えた時には、それを貯める」という思想を持たなくては、財政赤字の問題を根本的に解決することはできません。民間企業の経営では当たり前に行われていることを、国家運営でも取り入れるべきでしょう。

わが党が提言している未来型投資についても、1年や2年の短期間では、効率的に運用できるものではありません。繁栄の国づくりの一環として、5年、10年、あるいは、それ以上の時間をかけて具体化していくものであり、長期的な視点から運用すべきだと考えます。

積立金を年金以外の目的に使ったのは国家による詐欺？

客観的に言えば、「国民が、将来、もらえるものだと思って積み立てた年金保険料を、税収の不足分を補うための税金だと思って使っていた」ということであれば、第一義的には詐欺罪の疑いがあります。（中略）少なくとも、年金制度に実質上かかわった人には責任があります。それは、当時の高級官僚とその手伝いをした人たち、それから政治家等です。

『幸福維新』より

今、日本国民が最も不安に思っていることといえば、やはり老後の生活のことでしょう。いつまで働くことができるのか。働けなくなったら老後の面倒は誰が見てくれるのか。年金制度は破綻する恐れはないのか。こうした社会保障の問題は、先送りされてきましたが、国民は本当のところどうなっているのか知る権利があります。

日本の公的年金制度は、現役世代が負担する保険料を高齢者の年金にあてる「賦課方式」を採用しています。２０１８年度予算での給付総額は55・１兆円（厚生年金と国民年金）。その財源として、現役世代が支払う保険料から約38・５兆円、税金（国庫負担）から約12・７兆円、年金積立金から約３・９兆円があてられています。

この「年金積立金」とは、これまで年金給付に使われなかった保険料収入の一部を積み立ててきたものです。団塊世代が働き盛りだった時代には、入ってくる保険料の方が給付する年金額よりも多く、毎年のように積立金が増えていました。

しかし、この年金積立金が、本来の年金以外の目的で使われていたのです。例えば、財政投融資として、道路や橋の建設費用にあてられました。本来は融資なので戻ってくるのが当たり前ですが、その多くが不良債権化し、食い潰されました。また、厚生労働省や旧社会保険庁が、天下り先の特殊法人や公益法人を通して浪費した人件費やプロジェクトもあります。グリーンピアなどの大規模保養施設の建設費にもあてられました。

最大の無駄遣いは、歴代の自民党政権が票目当てで当時の高齢者に対して行った大盤振る舞いです。特に、田中角栄首相は１９７３年を「福祉元年」と位置づけ、70歳以上の医療費無料化など大規模な社会保障のバラマキ政治を行いました。ところがまさにその年、オイルショックが発生し、税収は減少に転じ、見直しを図らざるを得なくなりました。

年金積立金は「賦課方式」のもとでは、事実上、税金のように使えるため、政治家や官僚にとっては大変魅力的なのでしょう。政治家はバラマキ選挙の原資としてこれを使い、官僚は自分たちが寄生する天下り特殊法人を数多くつくりました。

しかし、年金積立金は税収と異なり、本来は国民に帰属する財産ですので、政治家や官僚がこれを勝手に使うことは犯罪に等しい行為です。国民が将来の年金のために支払った保険料を他の目的に流用した行為は、詐欺罪にも相当するのではないでしょうか。年金制度の継続性を議論する前に、これまで年金行政にかかわってきた政治家や役人への責任追及が先でなければならないでしょう。

増税ではなく、「賦課方式」から「積立方式」への転換を

年金について、国民のほうは、「老後にもらえるものだ」と思って払っていたのですが、政府のほうは、年金を税金代わりに使っていたわけです。これが一回目の騙しです。

そして、今、二回目の騙しに入ろうとしています。「年金制度が崩壊した

ら老後が大変でしょう。だから、増税をかけて、老後が安心できる社会をつくります」と言って、二回目の騙しをやろうとしているので、私は警告しているのです。

『政治革命家・大川隆法』より

安倍政権は「安心の社会保障」をうたい文句に、２０１４年４月に消費税率を５％から８％に引き上げ、２０１９年10月にはさらに８％から10％への引き上げを予定しています。街の声を聞いても、「将来の年金を考えると、消費税の増税もやむを得ない」と半ば諦めている人もたくさんいます。

しかし、消費税10％への引き上げで、私たちの社会保障は本当に安心できるものになるでしょうか。答えは、ノーです。増税で社会保障を賄うのはどだい無理な話です。

そもそも日本の年金制度が「賦課方式」を採用していることに驚く人もいます。汗水たらして働いて支払った保険料は、日本年金機構の中にある自分の口座に蓄えられていると信じている人も多いのです。しかし、年金の実態はまったく異なります。私たちの年金保険料は将来のために蓄えられることなく、支払った瞬間に消えてなくなっていると言ってよいでしょう。国民が老後の安心のために信頼していた日本の年金制度は「自転車操業」で運営されているのです。

今問題になっているのは、「支払った保険料と老後に受け取る年金受給額」が世代によってまったく違うということです。すなわち、世代間不公平が広がっているということです。

厚生年金の場合について、「世代間の損得計算」を見てみましょう。

1940年生まれの人は3170万円得をしています。1980年生まれの人は1510万円損しています。2010年生まれの人は2550万円損しています。

１９４０年生まれの人と２０１０年生まれの人を比較すると、何と５７２０万円も違います。

　特に、最近の若い人たちはこのような年金制度の将来に不安を感じ、国民年金では約４割が保険料を払っていないという悪循環が生じています。先日、20代の男性に年金について聞いてみると、「自分は２０００万円損するので、払いません」と、きっぱり。不公平だと憤慨していました。

年金受給額の世代間格差
（マクロ経済スライド実施後）

1940年生	3170万円
1945年生	1930万円
1950年生	1030万円
1955年生	470万円
1960年生	40万円
1965年生	－380万円
1970年生	－790万円
1975年生	－1160万円
1980年生	－1510万円
1985年生	－1790万円
1990年生	－2030万円
1995年生	－2230万円
2000年生	－2390万円
2005年生	－2500万円
2010年生	－2550万円

出典：鈴木亘著『社会保障亡国論』

　では、なぜ世代間格差が広がったのでしょうか？　日本が少子高齢化に突入し、人口構造が変化したからです。１９９０年代から現役世代はすでに減少し、高齢者世代が増加しています。

その結果、年金をもらう高齢者と支える現役世代のバランスが崩れてしまったのです。1950年代には現役世代10人で高齢者1人、1990年には現役世代5人で高齢者1人を支える構図でした。しかし、2015年には現役世代2人で高齢者1人を支える構図になり、2055年には現役世代1人が高齢者1人を支える〝肩車〟状態になってしまいます。現在の普及水準を保ちながら、年金支給を消費増税で賄おうとすれば、2060年には68・5％の消費税が必要になるとの試算もあります（原田泰・元早大政治経済学術院教授の試算）。その時には、

世代別 人口比率の推移

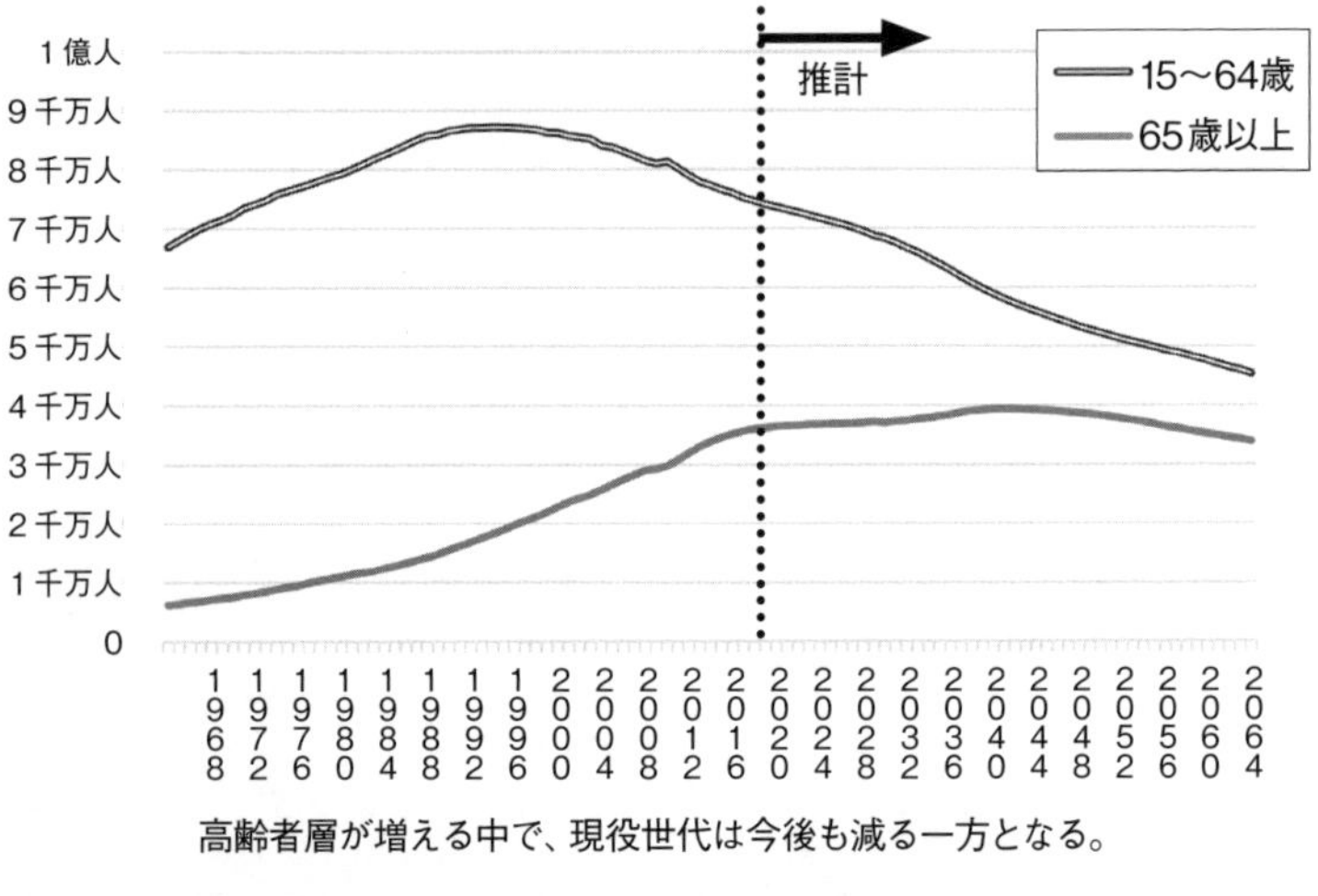

高齢者層が増える中で、現役世代は今後も減る一方となる。

日本の若者は海外に移住してしまうでしょう。

本当に安心できる年金制度とするためには、現役世代がこれから支払う保険料は、老後にきちんと戻ってくる制度である「積立方式」に移行するしかありません。現状の「賦課方式」では、誰も責任を取ることなく、年金制度破綻への道まっしぐらです。若者の未来を真剣に考えるならば、いかにして「賦課方式」から「積立方式」に移行するかを真剣に議論し、自分たちの未来に責任が持てる、嘘のない年金制度をつくるべきでしょう。

日本の年金制度を「賦課方式」から「積立方式」に移行するには、国民的な議論が必要になるでしょう。そのため、すぐに実現するのは難しいところがあります。しかし、今すぐにでも取りかかれる政策もあります。

例えば、民法の「遺留分制度」を廃止することです。

「遺留分制度」とは、被相続人（亡くなった人）の財産の一定割合（これを「遺留分」という）について、一定の範囲の相続人に対して、相続の権利を保障する制度です。

つまり遺言の内容に関係なく、死後の財産を配偶者と子供が最低限相続できる割合が定められているのですが、これによって子供は親の面倒を見る必要がなくなり、家族の絆を弱めることにつながっています。長子相続にする必要はないとしても、遺留分制度を廃止し、責任を持って親の老後の面倒を見ることを決めた子供には、全財産を承継させてもよいことにする。その代わりに、相続税を免除すれば、老後の年金は要りません。

公的年金がなかった頃は、子供が親の面倒を見るのが普通だったのですから、家族の絆を取り戻しつつ、政府の年金負担を減らす努力をすることが必要です。遺留分制度については「亡くなった人の財産処分の自由を尊重する」という理由で、海外でも見直しの動きもあります。

また、「人口増の対策強化」も必要となります。現在の日本の出生率1・43を、フランスの2・0、スウェーデンや米国の1・8程度まで引き上げることができれば、年金問題も緩和されます。出生率の高い国では、3人以上の子供を持つ割合が高いこともわかっています。内閣府「少子化社会に関する国際意識調査（2010年度）」によると、40歳代の女性のうち、3人以上の子供を出産した方の割合は、米国34％、フランス31％、スウェーデン28％に対して、日本は21％にとどまっています。

人口を増やすためには、教育費の負担が軽い公立学校教育を充実させることや、多子世帯の子育て支援も検討すべきです。また、アジアの親日国から優秀な若者を移民として受け入れ、年金財政を支える側に回ってもらうことも必要になるでしょう。

移民問題はセンシティブなテーマですが、幸福実現党は、政治がリーダーシップを持ち、日本語をはじめ、しっかりと教育を施すことで新しい日本国民をつくることは可能と考えています。ただ、反日的な教育を施しているような国からの移民に対しては、高い壁を築く必要もあると思います。

本来、移民となるには米国のように国家防衛の義務などを誓うべきですが、日本ではそのような条件は問われることがありません。その分、少なくとも、国がしっかりと移民をマネジメントすることが必要です。

ほかにも、「高齢者が働ける社会の実現」があります。年金として国からお金を支給されるよりも、働いて給料をもらうことを誇りに思う人も多いのではないでしょうか。高齢者であっても働いて税金を納めることに誇りを持つような国にしたい。政府としてはシルバー産業強化に取り組み、60歳、70歳、80歳であっても働ける高齢者雇用の創出を目指さなくてはならないのです。

以上、「外交」「国防」「経済」「社会保障」の分野で、日本に必要な政策について、現時点で最も大事だと思われることを述べてきました。第二部では、新聞に掲載した私のコラム記事から、幸福実現党の主張をさらに詳しく説明できればと思います。

第二部

この国のあるべき姿を考える

※第二部は、「フジサンケイビジネスアイ」「夕刊フジ」の連載を政策テーマごとに整理したものです。

1. 憲法改正を考える

教育無償化はマルクス『共産党宣言』の発想（2017年7月14日掲載）

憲法改正について、安倍晋三首相は2017年6月、秋の臨時国会中に自民党としての改正案を取りまとめる考えを示しました。自衛隊明文化など4項目について自民党が検討を進めています。

衆参で改憲勢力が3分の2以上の議席を占める中、改憲を発議する狙いがあると言われています。

9条改正については、安倍首相が示した、自衛隊を書き込む〝加憲〟こそが、最大公約数の「現実」的な案だということなのでしょう。しかしながら、北朝鮮がICBM（大陸間弾道ミサイル）の発射に成功したと発表し、米国本土への攻撃能力を獲得しつつある「現実」を見れば、首相の案は踏み込み不足と言わざるを得ません。改憲には大きな政治的エネルギーを必要とします。その力は、国民の生命・安全を守り抜くために費やすべきではないでしょうか。私たちは防衛軍の創設、9条全面改正を堂々と訴え、政策論争に臨んでまいりたいと思います。

憲法改正のテーマとして、教育無償化も取り沙汰されています。

各政党が就学前教育や高等教育をめぐっては、無償化をうたっていますが、私たちは反対です。「骨太の方針」においても、幼児教育・保育の早期無償化が盛り込まれました。家庭の経済状況にかかわらず、誰もが教育を受ける機会を保障することは大切です。しかし、憲法に明記するとなれば、義務教育と同様、世帯収入や子供の数に関係なく、一律に無償化されることになるはずです。この財源として教育国債やこども保険、消費増税による増税分などが検討されていますが、負担を増加させた揚げ句、一律に無料にするのは、バラマキにほかならないのではないでしょうか。

待機児童問題が解決されない中、就学前教育が無償化されれば、一層の保育所不足が問題となる可能性もありますし、保育の質の悪化も起こりえます。また、「高等教育の無償化」は、授業料が無料であることのみを理由に進学する人を増やし、経営状態が悪い大学を公金で延命させることにもつながります。結果、高等教育の質の低下を招きかねません。教育の機会均等のための無償化というのであれば、その内容や質も議論すべきです。

やはり一律無償化ではなく、生活困窮家庭や学生に対し、保育・授業料の減免や奨学金の拡充、教育バウチャーなどで対応すべきと考えます。

マルクスの『共産党宣言』では、教育の無償化が掲げられていますが、無償化を標榜する各党は、その社会主義的な〝地金〟をあらわにしているとも言えるのではないでしょうか。加憲するのであれば、大きな政府にもつながる教育無償化などではなく、わが党が掲げる「小さな政府、安い税金」を目指すことを明記すべきだと思います。

小手先の憲法改正をしている場合ではない（2018年3月9日掲載）

自民党は3月25日の党大会までに9条や緊急事態、合区解消、教育充実について改憲案を取りまとめる予定です。

憲法はこの国のかたちを決める最高法規です。改憲にあたっては、枝葉末節ではなく、大局的な視点に立った骨太の議論が必要です。以前、からめ手と言うべき96条の改憲要件緩和を安倍首相は掲げていましたが、自衛隊明記や緊急事態条項、教育充実など今回の検討も、国民の反発を避ける「お試し改憲」の思惑がうかがえます。合区解消のための47条改正などは、参院のあるべき姿に関する議論を欠いており、党利党略にすぎないのではないでしょうか。

いずれにせよ、現行憲法は占領下の制定であり、改憲はとりもなおさず、〝戦後〟に終止符を打つことでもあると思うのです。幸福実現党は立党直後に「新・日本国憲法 試案」を打ち出し、新憲法制定の必要性を訴え続けてきました。日本人の手で、主権国家にふさわしい憲法に創り直すべきだというのが、私たちの考えです。

改憲の焦点はやはり9条改正です。

戦後日本は、軽武装・経済優先のいわゆる「吉田ドクトリン」を堅持し、安全保障を米国に依存しながら、平和を享受してきました。長年、多くの政治家が改憲や国防論議を避け続けてきた、その結果が今日の国防上の危機だと言えます。

中国や北朝鮮の脅威が高まる中にあってなお、憲法9条を墨守すべしという主張が見られます。平和を叫ぶのも結構ですが、これは日本を危地に追い込むことにもなりかねません。9条改正に関し、自民党内では2項を維持し、自衛隊や自衛権を明記する案が検討されているようですが、これは自衛隊を「戦力」とするものではなく、国防の手足が縛られた現状に変わりはありません。戦力をめぐっての神学論争なども続くと思われます。

安倍首相は（２０１８年）２月14日の衆院予算委で、専守防衛について「純粋に防衛戦略として考えれば大変厳しい」「相手からの第一撃を事実上甘受し、かつ国土が戦場になりかねない」と発言しましたが、敵基地攻撃能力保有などによる抑止力強化はもちろん、国家国民を守り抜けるよう、９条を全面改正し、防衛政策を転換すべきだと思うのです。

また、現行憲法は前文の「平和を愛する諸国民」に対する信頼を前提に、９条で戦争放棄や戦力不保持などを定めています。しかし、核武装・大陸間弾道ミサイル（ＩＣＢＭ）配備に突き進む北朝鮮を見ても、前文が破綻していることは明らかです。

韓国特使団と北朝鮮の金正恩朝鮮労働党委員長が会談し、南北首脳会談の４月末開催で合意しました。

これまでの北朝鮮の対応を見る限り、結局は核・ミサイル開発の時間稼ぎに使われかねないと思います。南北接近を歓迎する声もありますが、日本として警戒を緩めてはなりません。また、安全保障問題に関しては、北朝鮮にかかわらず、中国とも日本は対峙せねばなりません。どのような事態にも即応できるよう、防衛体制整備を図るべきです。

空想的平和主義を奉じたり、小手先の憲法改正を行ったりしている場合ではありません。私たち幸福実現党は、国防強化や必要な改憲に向けて、国民の合意形成を図るため、力を尽くします。

天皇の譲位をどう考えるべきか（2017年2月10日掲載）

「天皇の譲位」については、率直に申し上げて、譲位を可能とする法整備には反対です。幸福実現党は、皇室は天照大神のご子孫であり、天皇陛下の大事なご本務は、日本神道の祭祀長としての宮中祭祀であり、祈りにほかならないと考えております。譲位ではなく、公務の見直しによりご負担軽減を図るべきではないでしょうか。

一代限りの特例法が有力視されているようですが、特例法であろうと、恒久法であろうと、時の政権の考えなどで譲位問題が左右されることになりかねないことは指摘しておきたいと思います。

皇室を守るためにも大統領制の検討を（2017年6月9日掲載）

天皇陛下の譲位を可能にする特例法案が2017年6月9日に成立の見込みです。2016年8月、譲位を示唆された、天皇陛下のお気持ちの表明を受けての立法であることは承知します。ですが、私ども幸福実現党は同法案には反対です。

天皇陛下を「人間天皇」と見る立場からは、ご高齢でいらっしゃることなどを踏まえれば譲位も当然だとなるかもしれません。ですが、天皇は天照大神のご子孫であり、神話・伝統を背負った存在にほかならず、そのご本務は、神道の祭祀の長としての祈りにあると考えます。譲位ではなく、公務の見直しによって負担軽減を図り、連綿と続く日本の国柄を守るべきというのが私たちの考えです。神秘性をそぎ落とすような議論は皇室を貶めることにつながりかねないことにも注意を払うべきです。

法案の付帯決議で「女性宮家の創設」検討が盛り込まれましたが、皇族減少に歯止めをかけるための検討はもちろん必要だと思います。しかし、女性宮家の創設は女系天皇への道を開き、万世一系の男系による皇統維持を危うくし、王朝交代を招く恐れもあることから慎重であるべきではないでしょうか。結婚により皇籍を離れた女性皇族の公務を可能とすることなどを検討すべきだと思います。

私たちは、大統領制の導入を主張していることから、一部の方から「皇室をなくそうとしているのではないか」とのご批判を受けることもあります。しかし、それはまったくの誤解です。統治機構改革の一環として大統領制を訴えていますが、これは皇室を守ることにもつながるのです。

自民党は憲法改正草案で天皇を「元首」としていますが、きな臭い動きが周辺国にある中、この考えでは、戦端が開かれて、万一、日本が敗戦国などになった場合、天皇が戦争責任を問われる可能性もあります。大統領を元首と位置づけるとともに、天皇を政治権力から遠ざけることで、皇室を維持することもできると確信します。いずれにせよ、皇室のあり方をめぐっての立法や議論が、その永続性を損なうことにならないよう願うばかりです。

2．中国・韓国問題と向き合う

尖閣をめぐる翁長知事の「責任感」に疑問あり（2018年1月26日掲載）

日本の離島は今、深刻な危機に立ち向かっています。

中でも、沖縄県・尖閣諸島は中国の軍事的脅威に直面し、2018年1月11日には、中国海軍の潜水艦が大正島の接続水域を潜航したばかりです。

直後の14日、尖閣諸島を行政区域に持つ石垣市で開かれた「尖閣諸島開拓の日」式典に、来賓として出席しました。式典は2011年から開かれていますが、今年は、例年に増して会場に緊張感がみなぎっていたように感じます。

翁長雄志知事（当時）は日程の都合がつかないとして、出席を見送りました。一方的に緊張を高める中国に対し、翁長知事が公式に抗議や非難をしたとは聞きません。尖閣諸島を預かる知事としての責任感は、どこにいったのでしょうか。

「国境」の概念を持たず、国力の増強に比例して領土を拡大し続ける中国こそ、脅威の「本丸」であり、日本の領土は1ミリたりとも譲ってはなりません。

「チャイナ・リスク」は、経済にも潜んでいます。沖縄では一時の「爆買い」がやみ、安価な牛丼チェーン店で食事をする中国人が目立つと聞きました。中国人頼みの需要喚起は間違っていることに気づくべきでしょう。

「外資の土地買収」に歯止めをかける法規制が急務（2018年4月27日掲載）

国際情勢が激動する中、独立国の気概を持って行動する政治家が、今の日本にどれだけいるでしょうか。中でも懸念しているのは、差し迫る中国の脅威です。

先日、中国が10年以上前から、沖縄や沖ノ鳥島周辺の日本の排他的経済水域（E

EZ）内を無断で調査し、海底資源類を採取していた実態の一部が報じられました。これは「氷山の一角」で、中国は、わが国の主権がおよぶ海域を徹底的に調べています。

こうした事態を招いた「主犯」は、ほかならぬ日本です。河野洋平外相時代の2001年、日中両国は東シナ海での調査活動をめぐり、事前に通告する「相互通報制度」を設けましたが、その結果、どうなったか。

今では、EEZ境界線の基準として、日本が提唱する「日中中間線」など、中国はお構いなし。「沖縄トラフまでが自国の大陸棚だ」と主張する横暴ぶりを際立たせています。日本自身が国家主権の意識をなくし、中国の増長を誘発していると言わざるを得ません。

北海道の不動産が、中国資本の「爆買い」対象となっていることにも、危機感を強めています。

新千歳空港に隣接する土地が、中国のネットショッピングサイトに堂々と掲載され、空港近くには、日本の家具・インテリア会社が開発した中国人専用の別荘地もあり、「中国人移住計画」がささやかれるほどです。

外国資本の不動産買収に対し、海外諸国が規制と警戒を強める中、日本は逆行しています。早急に法整備に取り組まなければなりません。

日本の国会議員に求められているのは、個人崇拝と独裁体制を強化する狡猾な習近平国家主席と渡り合い、日本の国益を毅然と守る姿勢です。いつまで「泥舟」で戯れているのでしょうか。一刻も早く目を覚ませ、と言いたいところです。

米中貿易戦争をどう見るか（2018年4月27日掲載）

2018年3月、トランプ米大統領が鉄鋼・アルミニウム製品を対象とする貿易制裁を発表したのを機に、中国が報復措置の実施発表を行い、その後も米中両国がさらなる制裁・報復措置の検討を行うなど応酬を繰り広げています。こうした動きが、世界経済の下押し要因になるとする見方が一部でなされていますが、米国が指摘しているとおり、中国は米国に対して大幅な貿易黒字を計上しているのみならず、長年にわたって知的財産権の侵害を行ってきたことも事実です。

熱心なプロテスタントの信仰者であるトランプ大統領から見れば、儲かるなら平気でルールを破る中国の商慣習は、耐え難いものがあるのかもしれません。プロテスタントといえば、勤勉、節倹、正直を旨として、仕事を天から与えられたと考えることで、資本主義の精神を発揮したことは有名な話です。

したがって、トランプ大統領の貿易政策は、単に自国の利益を守るという保護主義的な観点から捉えるべきではないでしょう。

もちろん、国家の安全保障という重要な観点もあります。人民元の意図的な切り下げによる輸出促進政策は巨大な米中貿易不均衡を生み出していますが、これは政治的には問題があると断定できるでしょう。

ほかにも中国の「一帯一路」構想やアジアインフラ投資銀行（ＡＩＩＢ）構想についても、中国の覇権的な意図があるように見えます。その意味でも、トランプ大統領が進めている貿易政策は中国に対する牽制となっており、理にかなっていると言えます。

日本としては、こうした安全保障面の情勢を踏まえながら、堂々と日本の国益を守る方向で貿易交渉を進める必要があるのではないでしょうか。

米国の狙いは「中国の覇権拡大阻止」（2018年6月29日掲載）

米中間の通商戦争が激化しています。

トランプ米大統領が、中国による知的財産権侵害への対抗措置として、ハイテク製品などの輸入品に追加関税を課す方針を発表すると、中国も、米国製品に追加関税を適用する考えを明らかにしました。

トランプ政権は、重要技術を持つ米国企業への中国からの投資を制限する方針とも報じられ、制裁と報復の連鎖が止まる気配はありません。

米国の攻勢の背景に、中国の先端産業育成政策「中国製造２０２５」に対する警戒があります。

中国は国家戦略として、ロボット工学や電気自動車、宇宙などの分野で世界を主導しようと、優秀な理工系人材を育成し、製造業に集中的に投じています。その裏で、外国企業に対する技術移転の強要やサイバー攻撃などの不正慣行が後を絶ちません。

中国の動きは、覇権主義に基づく経済的膨張にほかなりません。米国の制裁関税や投資制限は、単に通商上の不均衡是正が目的ではなく、「中国の覇権拡大」阻止こそが核心と見るべきでしょう。「自由・民主主義vs.国家社会主義」という価値観の対立が、根底にあるわけです。

中国が「国家的長期プロジェクト」と定める広域経済圏構想「一帯一路」にも、注意が必要です。

スリランカのハンバントタ港に代表されるように、中国の高金利融資で港湾を整備し、債務返済が困難になれば、「借金のカタ」とばかりに、中国側に港湾の運営権を握られる――。同様の債務リスクは、インド洋の島国モルディブなど、複数の国が負っていると指摘されています。

また、中国は、航空ネットワークの拡充にも取り組んでおり、陸海空で覇権拡大を進めているのです。

マイク・ポンペオ米国務長官が「略奪的」と批判したように、中国は、傲慢で強圧的な態度を改めない限り、「世界のリーダー」になることは、できないでしょう。

日本は、米中の対立を「対岸の火事」で済ませることはできません。米国が主張する「公正で相互主義的な貿易」に理解を示しながら、国力増強に不可欠な製造業分野を新たな基幹産業に育て上げる決断をすべきです。

中国への最先端技術の流出を止めるには（2018年8月24日掲載）

トランプ米政権が、習近平国家主席率いる中国との対決姿勢を鮮明にしています。

米国防権限法（8月13日成立）は、中国通信機器大手のZTE（中興通訊）とファーウェイ（華為技術）の製品を対象に、米政府機関や米政府と取引する企業・団体での使用を禁止しました。両社と中国情報機関との関係を問題視し、「中国締め出し」に踏み切ったわけです。

同法は、世界最大規模の「環太平洋合同演習（リムパック）」に中国を参加させないことに加え、台湾との共同訓練や高官レベルの軍事的関与の強化、防衛パートナーとしてのインド重視の姿勢も打ち出しています。

背景に、軍事と経済の両分野で、共産党一党独裁の中国による覇権拡大を阻止し、自由化と民主化を促すトランプ政権の狙いがあることは明らかです。こうした動きは、米国にとどまりません。

ドイツ政府が、安全保障上の脅威を理由に、中国企業による独精密機械メーカーの買収を却下したように、欧州でも最先端技術の流出に懸念が強まっています。

世界レベルのハイテク技術を誇る日本企業も、中国による買収や技術者の引き抜きというリスクを抱えています。日本政府は米国などに学び、安全保障の観点から対日投資の審査機関をつくり、買収規制や技術流出防止の法整備に取りかかるべきでしょう。

米国は「少数民族弾圧問題」でも、中国への非難を強めています。

マイク・ペンス副大統領は7月、ワシントンで世界の宗教者を前に演説し、中国政府によるウイグル人弾圧に抗議しました。8月に入り、国連の人種差別撤廃委員会でも、米国委員が、１００万人ものウイグル人が強制収容所に送られていると懸念を表明しました。

わが党も関連団体を通じて、同委員会に意見書を提出し、新疆ウイグル自治区でイスラム教を否定する弾圧が行われている実態を指摘しました。

ウイグル人に対し、中国政府は、個人レベルで「完全監視社会」を構築し、監視カメラの「顔認証」機能で追跡するほか、車両へのＧＰＳ（衛星利用測位システム）搭載を義務化しています。

日本は米国をはじめ、「自由と民主主義」「法の支配」「信仰」といった価値観を共有する国々との連携を強め、中国の人権問題を提起すべきです。

韓国の暴走を止めるべく具体的行動を（2019年1月25日掲載）

いわゆる「徴用工」問題が泥沼化しつつあります。

韓国大法院（最高裁）は昨年、新日鉄住金、三菱重工業を相手取った訴訟で被告側に損害賠償を命じる判決を確定させました。1月8日には大邱地裁浦項支部が、新日鉄住金に対して韓国国内にある資産差し押さえの処分申請を認めました。

これは1965年に韓国と締結した日韓請求権協定で「完全かつ最終的に解決」と約束した国家間の取り決めを完全に反故にするもので、断じて容認できません。新日鉄住金への訴訟については、原告4人が「強制労働」ではなく「募集」「官斡旋」で来日し、民間企業の合法的な期限契約による賃労働で働いていたことがわかっています。待遇もよかったとする見方もあり、大法院判決にある「反人道的行為」とは言えません。

日本政府は1月9日、日韓請求権協定に基づく政府協議の開催を申し入れましたが、韓国政府は応じていません。逆に、文在寅政権は、請求権協定で負の遺産がすべて清算されたわけではないとして、請求権協定の補完（慰安婦や韓国人原爆被害者などへの賠償）を求める包括的協議を提案すべく検討しているとの韓国報道もあります（中央日報）。

根も葉もない「史実」が国際社会に拡散するのを防ぐためにも、日本は早期解決を目指し、「戦後補償」名目での金銭の要求を断念させなくてはなりません。

最近では、韓国艦による自衛隊機へのレーダー照射問題が勃発し、日韓関係は険悪の一途を辿っています。韓国の暴走を食い止めるための具体的行動を国民は求めています。

例えば、韓国人への短期滞在査証（ビザ）免除措置の撤廃や就労ビザの発給制限、国際司法裁判所（ＩＣＪ）への提訴などです。徴用工像や慰安婦像の撤去も求めるべきでしょう。

自由主義国として韓国があてにならない状況の中、日本は大陸の全体主義に立ち向かうフロントラインとして、憲法改正による防衛力強化はもとより、ロシアとの平和条約締結などで外交圧力を強化すべきです。

日米で歩調を合わせて対中包囲網を築け（２０１９年1月25日掲載）

今年は御代替わりがあり、新しい日本が開ける1年です。別れゆく「平成」の時代を振り返ると、周辺では、中国の台頭を許してきた、そんな時代だったと思います。

今年は中国の覇権拡張主義を転換させる、そんな1年にしたいものです。1月14日に沖縄県石垣市で開かれた「尖閣諸島開拓の日」の式典に参加し、その意を強くしました。

沖縄の尖閣諸島は１８９５年（明治28年）１月14日の閣議決定で、日本の領土に編入されました。その日に合わせ、２０１０年（平成22年）から市の記念日になったのです。「尖閣諸島はわが国固有の領土である」ことを国内外に宣言する式典は、２０１９年で９回目。回を重ねるごとにその重要さが増しています。

式典に先立ち、海上保安庁石垣海上保安部を訪問し、巡視船を視察しました。日頃から尖閣諸島周辺で領海侵入する中国当局の船に対処している最前線のこの巡視船では、うら若き女性が「国際捜査官」として奮闘しています。

愛国心を胸に中国には一歩も退かない姿は、実に頼もしいではありませんか。部隊の指揮官は「わが国の領土・領海を断固として守り抜くため冷静かつ毅然と対応する」と説明してくれました。

その沖縄県では、辺野古米軍基地建設のための埋め立ての賛否を問う県民投票

（2月24日投開票）が予定されています。賛成か反対かに「○」をする二択に、「やむを得ない」を含めた「三択」案も浮上するなど迷走していますが、そもそもこの投票は「埋め立て」の是非を問うもので、最大の課題とされる「普天間飛行場の危険性除去」は放置されたまま。最悪の場合、普天間の固定化につながりかねません。

しかも中立であるべき玉城デニー知事が辺野古への移設反対を訴える集会に出続けている。これはおかしい。

沖縄と目と鼻の先の台湾では、1月17日、敵軍の上陸を想定した大規模な軍事演習が行われました。

米トランプ政権が昨年末、中国を政治・経済・外交など包括的に抑え込むための「アジア再保証イニシアチブ法」を成立させて台湾支援を明確にした途端、中国の習近平国家主席は台湾の「武力」での併合を口にするなど、今年は何が起きるかわかりません。

日本は米国と歩調を合わせて中国の覇権を抑止し、「対中包囲網」を築くべきです。最近はトランプ大統領よりも議会の方が強硬になっており、貿易戦争はこれからが本番です。

中国経済も失速してきています。その意味でも、中国にとっても「国難」は迫っていると言えます。

3．税制と社会保障を考える

決断すべきは増税ではなく減税（2014年11月14日掲載）

増税を見送れば、社会保障費の財源確保が難しくなると言われています。

第一部でも述べましたが、今後、増大する社会保障費をすべて消費税で賄おうとすれば、今世紀半ば頃には税率が60％にもおよぶという予測もあります。急速な高齢化の一方で、社会保障制度の担い手たる現役世代が減少する中、消費増税により現行制度を維持しようという考え自体が無責任極まりないものなのです。年金の破綻処理も含め、社会保障制度の抜本的な見直しは避けられないというのが私たちの考えです。

こうした中、10月末、日銀が金融政策決定会合で追加金融緩和を決定しました。

景気が足踏みする中、再増税を後押しするかのような決定です。増税判断に合わせた日銀の追加緩和は予想されていたことでもあります。異次元緩和自体は、かねて大胆な金融緩和の必要性を訴えてきた幸福実現党としても是とするものです。

しかし、資金供給量が増えても、企業は銀行からお金を借りようとしません。新規の事業を立ち上げても、成功して返済する自信がないからでしょう。ここに、安倍政権の政策の足りざるところが透けて見えます。

実効性のある成長戦略の不在です。「日本の繁栄は絶対に揺るがない」という先行きへの確信が持ててこそ、民需も回復し、民間主導の成長実現の道筋も見えてくるというものです。

また、安倍政権としては、異次元緩和による円安進行で輸出が拡大し、景気が回復するというシナリオを描いていたのでしょうが、企業が生産拠点の海外移転を進めた結果、円安でも輸出が伸びなくなっています。企業の国際競争力を高め、海外投資を呼び込むには、消費増税の中止はもちろん、法人税の大幅減税や大胆な規制緩和が急務です。

庶民派を気取り、「増税棚上げ」を口走るくらいなら、日本経済を低迷させ、国民生活にダメージを与える増税など、最初からしなければよいのです。場当たり的な施策ではなく、この国を強く、豊かにするための政策遂行を強く望むものです。

GDPは600兆円と言わず1500兆円を目指そう（2016年6月17日掲載）

安倍政権は、現在約500兆円の名目国内総生産（GDP）を2020年頃に600兆円に増加させる目標を掲げています。「野心的」と評する向きもありますが、この程度に甘んじていては、日本経済の復活は遠のくばかりです。

安倍政権の600兆円目標に対して、わが党が掲げるのが、2030年代でのG

DP1500兆円実現です。大胆すぎる目標に映るかもしれませんが、実効性のある政策の遂行により、高い経済成長の達成は十分可能だと考えます。

かつて日本の経済規模は米国に迫る勢いでしたが、成長は大きく鈍化しました。1990年代から現在までの間に、米国のGDPが約3倍に拡大したのに対し、日本は低成長にあえいでいるのが実情です。

停滞を招いた責任が、政府・自民党にあることは指摘するまでもありません。とりわけ、消費税の導入・増税が日本経済に与えたダメージは大きかったと言えます。財政赤字の拡大を受け、1989年に消費税を導入し、その後、税率を引き上げてきたものの、財政再建が図られるどころか、景気悪化を招き、政府の借金は膨張の一途を辿っています。自民党政治では、閉塞状況の打開は図れません。

安倍政権は賃上げ要請や各種増税、マイナンバー制度を実施するほか、一億総活躍プランで同一労働・同一賃金の実現を打ち出すなど、国家社会主義政権としての

〝地金〟をあらわにしています。しかし、政府を肥大化させ、統制を強化する政治手法は、経済活力をそぎ、国力低下をもたらすだけです。

日本の繁栄を牽引するのは、民間の自由な経済活動にほかなりません。民間主導の成長実現に向けて、消費税の5％への引き下げはもちろん、大胆な減税や規制緩和を通じて、個人や民間の自由を拡大すべきです。併せて、航空・宇宙産業やロボット産業など、新たな基幹産業となり得る分野に積極投資すべきでしょう。こうした取り組みによって促されるジョブ・クリエーション（新たな仕事の創造）は、日本経済の起爆剤となるはずです。

また、「交通革命」も肝要です。国家プロジェクトとして東京―大阪間のリニア開通を前倒しするほか、リニア交通網や高速道路網、航空交通網などを整備し、ヒト・モノ・カネの動きを活性化することで経済成長を大きく促すことも可能となります。

人口減少局面にあって成長力を高めるには、移民受け入れの検討も避けては通れないと考えます。

わが党が主導する「自由の大国」を目指した政策遂行により、この国の未来は必ず開けると確信します。

増税ラッシュと労働規制は本当に必要か（2018年5月11日掲載）

増税が予定されているのは消費税だけではありません。「観光を促進する」との目的で、日本人も含めた海外への出国者から1人あたり1000円を徴収する「国際観光旅客税」が2019年1月に導入されることが決まっています。そのほか、2018年度の税制改正で中・高所得の給与所得者を狙い撃ちにした所得税増税も決定しています（2020年から適用）。

今、様々な名目で増税や新税の創設が相次いでいますが、これにより、国民の負担が今後ますます増大し、結果として景気が腰折れすることになる事態は避けられないでしょう。

したがって今、消費増税を中止することが必要ですし、それにとどまらず税率5%への引き下げを行うなど大胆な減税政策が必要です。財政再建に向けては、プライマリーバランスの黒字化早期達成にこだわらず、持続的な経済成長により税収増を達成することで、GDPに占める債務残高の低下を図っていくべきと考えます。

「働き方改革」も問題です。

政府は働き方改革関連法案を今国会の重要法案に位置づけており、特に残業時間の上限規制をその柱としています。しかし、政府が一方的に労働時間を減らすことが、すべての国民の利益になるとは限りません。休みが増えれば当然収入は減るわけで、働くことによって収入が増えることを喜ぶ人もいるのです。ワーク・ライフ・バランスは個々人の問題であり、全体主義的に国家が勤勉に働きたい人の権利を奪っている側面は否めません。日本の労働者の年間休日数が欧米並みとなっている今、労働者の残業を一律に規制するような動きに対しては釈然としないものがあります。

従業員の中には、残業代を頼りに生計を立てている人もいます。「残業させてはならない」は、残業代を受け取れなくなることに通じてしまいます。また規制強化を行えば、サービス残業が誘発される可能性もあります。

一方、企業側の立場に立てば、残業規制の強化により業務に支障を来しかねません。デフレでは、より付加価値の高いサービスをより安い価格で提供しないと生き残れないのが現実です。そのために必死に働かないといけません。さもなくば、倒産してしまうからです。安易な残業規制を守って競争に敗れたら、誰が責任を取ってくれるというのでしょうか。

そもそも、残業規制は政府による過度な民間への介入にほかなりません。企業収益拡大のための労働生産性向上に向けた取り組みについては、本来は企業の自主的な努力に任せられるべきです。

また、過重労働を課すブラック企業の存在も以前より社会問題化しています。もちろん、過労死に至るような極端な労働環境は論外ですが、国の政策によって、やりがいを持って熱心に働く人々の労働意欲をそぐようなことになってはいけません。

勤勉につとめ、多くの人々の役に立った人が富を享受し、その私有財産が守られる。それでこそ、国民は豊かになりますし、国民が豊かになるからこそ、国も豊かになるという根本を忘れないようにしなければなりません。

過小評価すべきでない消費増税の影響（２０１８年10月26日掲載）

キャッシュレス決済によるポイント還元策が話題になっています。

商店街の小売店といった資本金の少ない中小店舗を対象に、クレジットカードなどでキャッシュレス決済を行った際、２％のポイント還元を行うとする支援策も検討されています。ここには〝キャッシュレス経済〟の普及促進の狙いも垣間見られますが、クレジットカードや電子マネーなどに対応するレジを導入するための企業側の費用負担は大きいものです。政府が設備投資を行う企業に補助を行うとしても、そこには血税を使う正当性があると言えるでしょうか。キャッシュレスになじみがない高齢者を考慮して「プレミアム付き商品券」を発行すべきだとの意見も政権与党にはありますが、これも本質論とは言い難いものがあります。

いずれにせよ、増税や複雑な税制の導入により、企業の経済活動における自由の領域が狭められたり、経済活動がゆがめられたりすることは、国の発展の阻害要因となります。政府は、小さな政府・安い税金を心掛けるとともに、シンプルで公平な税制の構築を志向すべきです。一方、健全財政に向けては、減税と確かな成長戦略の実施で自然増収を達成し、バラマキにあたる無駄な歳出については削減するというメリハリある財政を行うべきです。

経営者目線で国の歳出見直しを（２０１８年12月28日掲載）

政府は12月21日、２０１９年度税制改正大綱を閣議決定しました。

今回、住宅ローン減税の拡充や、自動車関連税制の減免の拡充など消費増税に伴う景気対策が柱としてうたわれています。期間限定で、中小店舗においてクレジットカードなどで決済すれば（基本的に）５％分のポイント還元が行われることにもなっています。税率変更前の駆け込み需要と、その反動減からなる景気変動を抑える狙いがあるのだと思いますが、バラマキをするのなら一体何のための増税なのか、というのが率直な意見です。

今の税制には正義も哲学も感じられません。バラマキによる増税や複雑な税制の導入は、経済活動の自由の領域を狭め、経済のゆがみにもつながります。今こそ「租税の原則」に立ち返りながら、小さな政府・安い税金を志向し、シンプルで公平な税制の構築を目指すべきです。

国の債務が１１００兆円を超える今の状況は看過できません。前回の衆院選時、安倍晋三首相が突如、消費増税の使途を幼児教育・保育の無償化にあてることを表明しましたが、社会保障の将来設計が十分に定まらない中、増税だけは進めようとの考えに納得することはできないでしょう。

政府は、来年度当初予算は１０１兆円半ばになるとの方針を示していますが、社会保障費はそのうち34兆円になる見通しとなっています。少子高齢化に直面する中、社会保障制度を今のまま放置すれば、さらなる増税圧力がかかる可能性もあります。

健全な財政に向けては、バラマキにあたる部分をなくし、社会保障を〝自助と支え合い〟を基調とした制度に移行させる一方、日本の未来に富を生み出すような宇宙開発やインフラ整備に重点的に歳出を行うなど、経営者の観点から歳出のあり方を見直す必要があると考えます。

平成の30年間は、いわゆる「ゼロ成長」が続き、この時代は「失われた30年」と位置づけられるのではないかと感じています。日本経済にとって大きな痛手は消費税の導入と税率引き上げです。

それと、1997年に山一證券、北海道拓殖銀行など金融機関が破綻したことは、停滞を長期化させた大きな要因です。破綻を機に日本の金融機関の信用は大きく損なわれて金融機関同士による資金の貸し借りが停滞し、株価下落で含み益が減少したことにより、企業への貸し渋りが加速することになりました。

こうした信用収縮により企業の資金繰りは圧迫され、日本経済は深刻な状況に陥ります。デフレ下にある企業は収益の悪化を避けられず、信用収縮は一層進むことになりました。当時、日銀特融など公的措置が効果的に行われていれば、状況は異なっていたかもしれないと思うと、何とも言えない感情にさいなまれます。

その後、これまで緊縮的だった金融政策を行っていた日本銀行が、２０１２年に黒田東彦《はるひこ》氏が総裁に就任して以来、物価上昇率２％の達成に向けたマネタリーベースの拡大など、〝異次元〟の金融緩和を行うようになり、日本は景気回復路線へと向かいました。

しかし、安倍政権下での景気回復の速度は極めて緩やかで、生活実感が十分に伴っていないことも事実です。金融政策だけでは手詰まり感が出ているのは明らかでしょう。日銀は２０１６年2月にマイナス金利政策を導入して今も継続していますが、これが民間金融機関による貸出金利の低下、またそれに伴う収益悪化を招いています。

マイナス金利の導入を含めて金融緩和に偏重する一方で、消費増税など一連の増税策を行った結果として実体経済が改善し切れていないという今の状況は、アベノミクスの失点をもろに反映しています。しかし、次の時代こそ、強い経済を実現したいものです。今年10月に予定されている消費増税の中止はもちろんのこと、大胆な減税、規制緩和を含めて、明確で一貫性のあるビジョンを提示することこそ必要だと思います。

社会保障のグランドデザインの提示を（2018年6月29日掲載）

2018年6月15日に、政府の「経済財政運営と改革の基本方針（骨太の方針）」

が閣議決定されました。しかし、残念ながら、社会保障政策の具体的ビジョンが十分に示されているとは言えません。

日本は、団塊世代が75歳以上となる〝２０２５年問題〟や、高齢者の数がピークとなる〝２０４０年問題〟をはじめ、少子化に端を発する人口の構造的問題に直面しています。

そして、年金制度において、高齢者をその時の現役世代で支える「賦課方式」が採用されるなど、世代間の不公平をもたらしている社会保障制度自体にも、本質的な問題があると言えるでしょう。

〝支えられる側（65歳以上）〟１人に対し、〝支える側（20〜64歳）〟の人数は、１９６５年が９・１人、２０１２年が２・４人、２０５０年は１・２人であると推計されています。

これに従えば、今後、現役世代に対するさらなる増税や、保険料負担の増大が強いられることも、十分に想定されます。

日本は今、制度のあり方の見直しを含め、問題解決に向けた抜本策を提示しなければならない状況にあるのではないでしょうか。

まず、高齢者に関して、〝支えられる立場〟から〝支える立場〟へと考え方を変容させる必要があると思っています。

マレーシアでは92歳のマハティール氏が首相に返り咲き、米国では72歳のトランプ氏が大統領として重責を果たしています。２０１７年に86歳で亡くなられた上智大学名誉教授の渡部昇一先生も、生涯にわたって言論活動を続けてこられました。

ＦＩＦＡワールドカップ・ロシア大会では、サッカー日本代表・西野朗監督（63歳）がこれまでの経験を生かして好采配を振るっています。これからのシニア世代の方々に、末永くご活躍いただけるよう、幅広く環境整備を行う必要があるのではないでしょうか。

最近、与党から、「エイジフリー社会」到来の必要性の認識が示されましたが、毎年およそ1兆円にのぼる社会保障費を増加させ続け、「増税やむなし」という状況を形成しようとしてきたのもまた、政権与党です。

私はかねて、〝生涯現役社会〟の必要性を訴えてきました。税負担の圧迫などにより、シニア層の増大が若者のやる気や気力を失わせるような社会ではなく、年配の人と若い人が共存して繁栄する社会の実現こそが大事だと考えています。

２０１７年版高齢社会白書によると、現在働いている60歳以上の方のうち、約8割が「今後も仕事を行いたい」旨の回答をしているように、シニア世代は働くことに対してポジティブに捉えています。

こうした社会を到来させる前提として、健康寿命をいかに延伸させるかが重要になってきます。日本の平均寿命は、男性が80・98歳、女性が87・14歳（２０１６年）ですが、介護などを必要としない同年の健康寿命は、男性72・14歳、女性が74・9

歳と、両者には大きな開きがあります。

これに関して、長野県の高齢者就業率を見ると、男性38・5％、女性19・7％（2012年）でともに国内トップである一方、1人あたりの医療費は、ほかの都道府県と比べて低水準を維持しています。

予防医療などで高齢者の健康増進を図れば、高齢者の就業を推し進められるばかりか、医療費を含め、社会保障費の抑制につながる可能性も指摘できるわけです。

総じて、あるべき社会保障像に向けては、社会保障費が拡大し続ける流れを食い止めるためにも、75歳定年制社会への移行といった、生涯現役社会に向けた取り組みを進めなければいけません。同時に、年金制度を「積立方式」へと移行させたり、健康保持に大きなメリットを与えるような医療保険制度の構築を検討したりと、抜本的な制度改革を進めるための議論を開始すべきだと考えます。

4．経済成長を実現するための具体策

大胆な減税と徹底的な規制緩和が中小企業を救う（2018年5月25日掲載）

２０１８年１～３月期の国内総生産（ＧＤＰ、季節調整済み）速報値が5月16日に発表されました。

今回、ＧＤＰの実質値が前期比では０・２％減、年率換算で０・６％減となり、9四半期ぶりにマイナス成長に転じました。ＧＤＰの約6割を占める個人消費も2四半期ぶりとなるマイナスを記録していますが、各種増税が消費意欲の低下にじわりと影響をおよぼしていると感じています。

日本はバブル崩壊後、かつての護送船団方式にも象徴される〝官僚政治〟の行き詰まりに直面してきました。そして、その後遺症から未だ脱却できていないからこそ、低成長にあえいでいるのではないでしょうか。

２０１１年に日本からＧＤＰ第2位の座を奪った中国ですが、国防費は今や日本に5倍以上の差をつけているとも言われています。経済成長なくして国力、国防力の向上はありません。来年5月には新元号に移行されますが、日本はもう一度チャレンジ精神を持って、〝坂の上の雲〟を突き抜け、〝太陽の昇る国〟を目指すべきです。

具体的には、大胆な減税や徹底的な規制緩和などを行い、企業の黒字化を推進するような環境整備を進めるべきだと思います。これは、結果的に税収増にもつながりますし、国の発展繁栄に直結することと思います。

安倍政権下で日経平均株価が一時2万４０００円台を記録するなど、緩やかな回復基調を示してきましたが、日本の全企業の99・7%、雇用全体の7割を占める中小企業については、依然として厳しい状態が続いています。２０１４年4月に消費税率が5％から8％に増税され、日本経済は大きなダメージを受けましたが、2019年10月に予定されている消費増税を実施すれば、さらに深刻な状況を招きかねません。

また、政権与党は次の消費増税時に軽減税率を導入するとしています。消費税はそもそも、事務手続き上、複雑な税であるとも言われていますが、これに加えて軽減税率が導入されると、企業の事務負担は一層大きなものとなります。

中小企業の経営が圧迫されるような事態を避けるためにも、2019年10月に予定されている税率10％への増税、および軽減税率の導入は中止すべきです。むしろ、経済の活性化に向けては5％への減税を実施するべきだと考えます。

マレーシアでは、首相に返り咲いたマハティール氏により、かねて公約として訴えられてきた消費税の廃止が実施されることになっています。消費減税は多くの中小企業を守るだけではなく、家計の資産防衛にもつながるという意味で最大の福祉政策になると言えるでしょう。日本も今、消費税について大きな決断を行うべき時ではないでしょうか。

中小企業の事業承継問題もあります。

中小企業の後継者不足が深刻化しており、今後10年間で、70歳を超える中小企業の経営者は約245万人。そのうちの約半分の127万人が、後継者未定となっているような状況です。

経済産業省・中小企業庁の試算によれば、後継者不足をこのまま放置すれば、今後10年間で、約650万人分の雇用と約22兆円のGDPが失われる可能性があると言います。

事業承継の大きな壁となっているのが、承継の際に課される多額の相続税・贈与税です。経営者が事業を承継する際、後継者が多額の税金を払わなくてはならないことが、その妨げとなっています。

２００８年に創設された事業承継税制により、事業承継の際、一定の条件で相続税・贈与税納税の猶予・免除が認められることになりましたが、条件の厳しさや制度の使い勝手の悪さにより、２０１６年8月時点で同税制の活用認定を受けた数は、相続税が９５９件、贈与税が６２６件とわずかにとどまっています。

事業承継制度を使いやすくするため、今年度の税制改正で同制度の要件が緩和されましたが、利用がどのぐらい伸びるのかは未知数です。事業承継を円滑に進めるための抜本的な解決策として、そもそも相続税・贈与税の廃止を推進すべきと考えます。

総じて、中小企業の活力向上のために、政府は「安い税金」「小さな政府」の実現に向けた取り組みをしっかり進めていくべきだと思います。中小企業が繁栄してこそ、日本経済が元気になったと言えるからです。

残された最大のフロンティア「宇宙」の開拓を（2018年7月13日掲載）

経済の主役は民間企業です。ただ、分野によっては、研究開発に巨額の資金を必要とするため、それを民間企業だけに委ねていると、投資が十分に行われないものもあります。その例として挙げられるのが宇宙開発です。

日本の宇宙産業投資の現状を見てみると、ＪＡＸＡへの予算規模は約１８００億円（２０１７年度）にとどまっている一方、米国のＮＡＳＡは約２兆円（２０１８会計年度）にものぼり、両者には大きな乖離が生じています。

さらに米国では6月、トランプ大統領が国防総省に宇宙軍を創設するよう指示したことが明らかとなりました。これにより、米国の宇宙産業に対する投資の動きが加速し、今後１１０兆円規模まで成長するのではないかとする報道もあります。

残された〝最大のフロンティア〟である宇宙へアプローチして研究開発を進め、

その途上で生み出される新しい技術は、宇宙関連にとどまらず、防衛関連を含め産業の競争力向上に大きく寄与する可能性を秘めています。

宇宙関連技術について、日本は確かに特定の分野においては世界最先端を走っているのかもしれませんが、ほんの一部にすぎないと言っても差し支えないのではないでしょうか。今後、日本は本腰を入れて、有人飛行技術を含めたトータルでの宇宙開発を進めるべきと考えます。私も先日、鹿児島県の種子島宇宙センターを訪問してきました。宇宙時代の幕開けに向けて、決意を新たにしているところです。

日本の科学技術関係予算（２０１８年度）は、約３兆８４００億円です。数字上は前年度より約２５００億円増加していますが、増加分のうち４分の３は、先端技術を取り入れた公共事業など、今まで行われてきたプロジェクトなどを新たな項目として組み替えただけであり、国による科学技術力の強化は「見かけだおし」ではないかと言われています。増加分を除いて考えれば、ここおよそ20年にわたり、日本の科学技術関連の予算規模は、ほぼ横ばい状態が持続していることになります。その一方、同期間の研究開発について、中国は約12倍、韓国は約5倍を記録しており、米国など先進国もおよそ1・5倍を達成しています。

改めて、日本は産業競争力において他国に後れを取ることがないよう、科学技術の振興を図るべく、先端技術に対して思い切った研究支援を行うべきだと考えます。

宇宙開発には民間資本を導入せよ（2018年7月27日掲載）

今回のテーマは、「宇宙」です。

世界は、「パラダイムシフト」というべき変革の時代に突入しました。宇宙開発の主体は国家から民間に移行し、従来の探査や研究の枠を超えた「宇宙ビジネス」が、現実のものになりつつあるのです。

中でも米国は、スケールが大きいと言えます。IT大手4社の「GAFA」（グーグル、アップル、フェイスブック、アマゾン）は地球規模の通信網構築を主導し、インターネットでの「ビッグデータ」の寡占が懸念されるほどです。

宇宙開発企業「スペースX」のCEO（最高経営責任者）、イーロン・マスク氏は「人類の火星移住」という壮大な目標を掲げ、火星への有人飛行や宇宙船の実用化に挑戦しています。

これが現実なのです。翻って、日本はどうでしょうか。実業家の堀江貴文氏を中心とした宇宙ベンチャーが、小型ロケットを開発している例などはありますが、民間企業の宇宙ビジネス参入は、海外諸国より後れていると言わざるを得ません。

こうした中、キヤノン電子や清水建設などが設立したロケット会社の取り組みに注目が集まっています。同社が2021年の完成を目指し、本州最南端の和歌山県串本町で建設計画を進める日本初の民間ロケット発射場は、新たな夢につながる希望と言えるでしょう。

先日、串本町を視察した際、田嶋勝正町長は、海に浮かぶ船上でのロケット打ち上げカウントダウンなどの企画について話してくださり、大いに盛り上がりました。

今後の宇宙ビジネスは、衛星・通信の分野に加え、創薬や資源エネルギー開発、旅行、移住など市場の拡大が見込まれます。

日本に必要なのは、こうした「無限のフロンティア」を開拓する柔軟な発想力でしょう。そのためには、高等教育の充実や、規制緩和による民間資本の導入が欠かせません。

少子高齢化の波に押され、社会が先細りし、政治の度量が小さくなっていないでしょうか。「Think Big!」で、政府は夢を語るべきです。

未来型水産業で漁業が若者の人気職種になる？（2018年8月24日掲載）

漁業規制の強化に向けた動きが取り沙汰されています。

日本の全体の漁獲量は1984年の1282万トンをピークに年々減少していますが、2017年は430万4000トンまで落ち込み、4年連続で最低を更新しました。その原因の一つとして考えられるのは乱獲です。これにより、水産資源が減少し、漁獲量が落ち込んだと考えられます。また、水産物の生産量低下にとどまらず、国内消費量の低迷や、漁業従事者の減少・高齢化が進むなど、日本の水産業の課題は顕著です。一方で、世界全体では水産物に対して需要が拡大しているという背景もあり、生産量も拡大傾向を示しています。また、世界銀行の試算によると、日本を除き、世界全体ではその傾向は今後も続くとされています。

このように、水産業において苦しい状態に置かれた日本は「いかに限りある資源を持続的に漁獲するか」という視点が求められています。法律で漁獲上限を定める漁獲可能量（TAC）制度を強化して制度の対象範囲を広げたり、漁獲量の規制厳格化のために、あらかじめ漁業者の漁獲量を決め、厳格に管理する割り当て方式（IQ方式）を活用したりするなど、今秋、一連の漁業規制強化に向けた関連法案が提出されるとの見方もあります。

ノルウェーでは、1970年前後にニシンが乱獲で枯渇寸前となりましたが、漁獲を制限したことにより資源の回復に成功しています。こうしたことを踏まえても、やはり、水産資源の回復に向けて、まずは漁獲量に対して一定の制限をかけることは必要でしょう。また、日本近海のサンマの資源量は2010年以降低迷が続いており、今年も低調な傾向が続くと言われています。その原因としてサンマが日本のEEZに辿り着く前に中国や台湾が水揚げしているのではないかとの見方もあります。国際的な話し合いの場で漁業規制の導入に向けて働きかける必要があるでしょう。

一方で、今、すでに中西部太平洋まぐろ類委員会（ＷＣＰＦＣ）により漁獲枠が設定されているクロマグロについては、資源が回復しつつあるとして、日本は漁獲枠の拡大に向けて動いています。漁獲枠は漁業者の収入にも直結する問題ではありますので、規制強化に向けては、実態に合わせつつ慎重な判断も同時に求められるでしょう。

近年は世界的な日本食ブームも手伝って水産物の消費も伸び、世界の漁獲量は急成長を遂げていますが、生産量拡大分の多くを占めるのが養殖です。しかし、日本では餌代の高騰や、養殖による漁場環境の悪化などを背景に、養殖業も衰退傾向にあります。漁獲規制をかけるなどして天然魚の生産量を増やそうとしても、天然資源ゆえに頭打ちとなることも予想されます。したがって、今後は「魚をつくり育てる」ところにもさらなる発展の芽を見いだす必要があるでしょう。

近畿大学が世界で初めてマグロの完全養殖に成功していますし、大手企業も本格参入するなど、今、水産業の高付加価値化に向けた動きが活発化しつつあります。養殖業全体のさらなる発展のためには、生産コストの6、7割を占めるとも言われる餌代を下げるため、昆虫飼料の開発など一層の研究開発が必要でしょう。そして、陸上養殖技術の推進によって漁場環境の問題を抜本的に解決することもできます。

また、現在およそ70数億人の世界人口は、2060年までには100億人を突破するとの予測もあります。こうなると、世界で必要となる食料生産量がますます拡大し、中長期的な食料資源の争奪戦が生じることも懸念されます。こうした問題に対し、マグロなどの高級魚だけではなく、「増肉係数（魚を1キログラム太らせるのに必要な餌の量）」がほかの魚に比べて圧倒的に低いと言われるピラルクのように、生産性の高い淡水魚の養殖技術の開発を進めることも有効でしょう。

日本の水産業の発展に向けては、適切なルールづくりとともに、未来社会を支えるにふさわしい、魅力あふれる産業に成長させるビジョンが必要でしょう。後継者不足にあえぐ漁業が若者に人気の職種となるような時代が、必ず到来するものと信じています。

海外からの労働者には「日本ファースト」を（2018年11月24日掲載）

今国会では、出入国管理法改正案の是非をめぐる論議が盛んに行われています。確かに日本の労働力不足は深刻です。それだけに問題解消には、積極的に海外の有能な人材を受け入れてもよいと考えます。

特に建設業。2年後の東京五輪・パラリンピックを前にした建設ラッシュもあれば、老朽化したインフラの総点検・補修もあり、大忙しです。西日本豪雨などの被災地にはまだ、屋根瓦に青色のシートが覆われたままの場所が残っています。

労働力が足りなければ、国の潜在的な成長率は落ちます。ではどうするか。やはり、失敗に学ぶことが大事です。

例えば、ドイツでは、当初は短期間のゲストワーカーとして受け入れていたのが、やがて、長期間、住み着く移民が増えてしまいました。すると移民たちは自らのコミュニティーをつくり、社会との断絶が生じてしまったのです。ドイツでは、彼ら移民を「ドイツ人」としてどう一体感を持たせるかが課題になっています。

そこで、注目すべきは米国での移民対策。大きなモデルになります。

米国に入ってくる移民たちは、市民権を取得するための手続きで、国に対する「忠誠の誓い」を最後に必ず口にします。

宗教的な言葉で、かつ、いつの時代も不変の理念をたばねています。

そんな誓いを述べて初めて、移民たちは「この米国で、よりよい社会を自分もつくるのだ」とのポジティブな思いを抱いて入ってこられるのです。

では日本ではどうでしょうか。この先、海外から労働者を「日本型移民」として受け入れるには、故国にはもちろん、日本に対する愛国心をも持ち、日本の辿った歴史を語れる人材にぜひ、来ていただきたいものです。

受け入れる側としてはマネジメントをしっかり行う必要もあります。

親日的な国からの労働者を優先し、反日的な思想教育を行っているような国には高い壁を設けるべきです。日の丸に敬意を払い、君が代を口ずさめる。最低限でもわが国に来る以上は「日本ファースト」でいてもらいたい。今は、ハンコ一つで手続きは済みますが、米国の忠誠の誓いのような場があってもよいと考えます。

地銀再編に象徴される地方衰退の犯人とは（２０１８年７月27日掲載）

昨今、地方銀行再編の動きが活発になりつつあります。

2018年4月には近畿の関西アーバン銀行、みなと銀行、近畿大阪銀行の3行が、持ち株会社の関西みらいフィナンシャルグループ（FG）のもとで統合するなど、各地で地銀統合の動きが相次いでいます。金融機関は経営統合を行うことで、システムの共通化や、地域内に重複する店舗を削減するなど、コスト削減を図ることができます。

地域経済の活性化を推し進める上で、金融面でバックアップを行う地銀の役割は重要ですが、そもそもなぜ再編の動きが盛んになっているのでしょうか。一つは、国内全体はともかく地方における人口減少傾向が顕著で、企業数も減少傾向にあることから、地域の資金需要が低下しているという背景があります。さらに、日銀のマイナス金利政策を背景に貸出金利が低下し、金融機関の収益性も悪化しています。金融機関がこれをカバーするには貸出量を増やす必要がありますが、やはり地域の資金需要が十分ではない中で、それは難しいというのが実態でしょう。

さらに、近年は、ネット銀行を使ってより安価で簡易に金融サービスを受けることが可能になってきています。こうした動きが今後より広がることも予想されますので、地銀はますます経営的な努力が強いられる環境下に置かれることになります。拠点とする地域が人口減少傾向を抱え、資本が十分でないような金融機関を中心に、今後も地銀再編の動きが続いていくでしょう。

地銀再編の流れは地方の衰退ばかりでなく、マイナス金利の導入を含め、金融緩和に偏重し、消費増税など一連の増税策を行った結果として実体経済が改善し切れていないという、アベノミクスの失点を露骨に反映しています。

このことからも、消費増税の中止と5％への減税、徹底的な規制緩和など、強い経済の実現に向けた適切な環境整備を行う必要があります。今、〝生産性革命〟の必要性が叫ばれていますが、まず、それを実行すべきなのは政治です。国会の審議内容を充実させることはもちろん、役所にも仕事速度を2倍にするような姿勢を求めたいところです。加えて、国家として、防災・インフラ関連や未来産業への投資が活性化するような、未来志向型で明確な国家目標を持つべきだと考えます。

また、金融機関については、「雨が降れば傘を取り上げ、晴れた日には傘を貸す」と揶揄されてきました。よき経営アドバイスで黒字企業を量産することで両者が共存共栄で成功し、その結果、国と地方の税収増に寄与することこそ、金融機関にとっての原点であり、付加価値の創造であるでしょう。地銀には、金融機関として地域の優良企業を輩出させるという本来の使命を、ぜひとも果たしていただきたいと思います。

トランプの反グローバリズム路線が意味するもの（2018年10月12日掲載）

米国では、連邦準備制度理事会（ＦＲＢ）が年内にも追加利上げを行うのではないかとの観測があります。

トランプ大統領は利上げに対して否定的な考えを示していますが、年内から来年にかけて、追加利上げを行うのではないかとの見方があります。やはりそこには米国経済の持続的な好調が続いていることが背景にあります。

税率35％から21％への大幅な法人減税を含めた米国史上最大規模の〝トランプ減税〟などの影響により、米国は4～6月期の実質成長率は前期比年率プラス4％台を記録するなど、高い経済成長率を示しています。また、雇用も拡大し、米労働省の9月の雇用統計によると、米国の失業率は3・7％まで低下したことが明らかになりました。これは実に48年9カ月ぶりの水準です。

また、トランプ大統領は9月25日の国連総会の一般討論演説で、「我々はグローバリズムを拒絶し、愛国主義を尊重する」と訴えていましたが、米国は実際にトランプ政権が発足して以来、ＴＰＰ（環太平洋戦略的経済連携協定）から離脱を表明するなど、反グローバリズムの動きを続けています。

これにより、鉄鋼業をはじめとした米国の製造業は復活に向けて大きく前進しているように思います。改めて健全な愛国心をもとに、国力を強くすることの大切さを痛感しています。

米国の貿易政策は、国家の安全保障の観点も踏まえた非常に戦略的なものであると捉えています。中国はこれまで大幅な対米貿易黒字を計上してきただけではなく、長年にわたって知的財産の侵害を行ってきました。

中国が進める「一帯一路」構想は覇権拡大の野望を推進する構想として位置づけられているものであり、貿易黒字の部分がこうした軍事的拡張のために使われてきたというのが実際のところです。この部分にメスを入れるという意味でも、トランプ大統領の貿易政策は理にかなっていると言えるのです。

9月26日、安倍晋三首相はトランプ大統領と会談した際、日米物品協定（TA

G）の交渉入りに合意しました。ＴＡＧ（Trade Agreement on goods）というのは、複数国間で農産物や工業用品といったモノの輸出入にかかる関税の撤廃・引き下げを行う協定のことです。

日本政府は今回合意したＴＡＧについて、「包括的なＦＴＡとはまったく異なる」との立場を取っているようですが、交渉後にはモノ以外の投資ルールやサービス分野の交渉に入ることには合意しており、実質的にはＦＴＡ交渉に入るのではないかといった指摘もあるようです。

日米の貿易交渉が進められることは、対中包囲網を築く上でも非常に意味のあることであるように思います。米国の貿易戦略に対して歩調を合わせつつも、交渉そのものについては、トランプ流に物怖じすることなく、国益確保の観点から正々堂々と挑むべきでしょう。

製造業の復活を含め、わが国の経済を強くしていくためには、国内景気を大きく冷え込ませる要因となる消費税10％への増税について見直しを図るべきです。また、宇宙産業など新しい基幹産業となり得る分野への積極投資や大胆な規制緩和など、明確な未来ビジョンが必要ではないかと考えます。

中国に盗まれるハイテク技術を守れ（2018年12月28日掲載）

カナダ当局に孟晩舟副会長兼最高財務責任者（ＣＦＯ）が逮捕された中国通信機器大手、ファーウェイ（華為技術）のニュースは、世界を駆けめぐりました。ファーウェイは中国人民解放軍に近いとされ、米国は、国防権限法で同社製品の使用について規制をかけています。

中国がこの先、高速大容量の第5世代（5Ｇ）型の基幹ネットワークシステム構築を主導し、ＩＴ分野で世界の覇権を握ろうとするのに対抗しているのです。

米国は今、機密情報共有の協定を結ぶ5カ国（＝ファイブアイズ）などと、高度な情報の漏洩防止に懸命です。

マルコ・ルビオ共和党上院議員のように「中国にサプライチェーンを持つ企業は、中国への依存度を減らすべきだ」との主張が強まっています。

経済界が短期的な利益ばかり追求すれば、いずれ中国に取り込まれる懸念がある。そこで、「守るべき国益は守る」と一枚岩になっています。

日本政府もようやく12月に入り、安全保障上のリスクを考え、政府調達で事実上、ファーウェイ製品の排除に踏み切りました。ただ、締め出す企業名はファーウェイだと、名指しを避けたのには、日本の対応の「甘さ」を感じました。

日本には、中国のハイテク産業育成策「中国製造２０２５」をビジネスチャンスだと見る企業もあります。

しかし、12月上旬、米司法省は過去7年間で摘発した経済スパイ事件の90％に中国が関与していたことを報告し、国家ぐるみのスパイ活動が明らかになりました。

日本はいち早く、自由や民主主義といった価値観を同じくする米国などと「中国包囲網」を敷くべきです。

米中両国の貿易戦争は現在、ＩＴ技術をめぐる戦争に発展し、いずれは宇宙をめぐる覇権争いに突入します。日本はそうした「米中新冷戦」が顕在化する中で米国につき、中国に対抗して締め出すのです。

米国は「対米外国投資委員会（ＣＦＩＵＳ）」の権限を強化し、安全保障を脅かす米国への直接投資を阻止する努力をしていますが、日本も新たな法整備が必要です。

また、大学や企業の先端技術を守るためにも、中国人留学生や技術者らのビザ発給を厳しくすることも一案でしょう。

とりわけ、日本の精密加工技術や半導体関連、電子部品など、世界トップ水準のハイテク技術はしっかり守るべきです。

決して中国に渡したり、流出させたりしてはなりません。

〝現代のマルクス〟ピケティの危険性（2015年1月23日掲載）

仏の週刊紙「シャルリー・エブド」のパリ本社などでイスラム過激派と見られる銃撃テロ事件が発生。世界に衝撃を与えました。

事件の背景には、移民をめぐる軋轢や経済格差に対する不満も背景にあると見られています。格差といえば、格差社会を分析した『21世紀の資本』の著者、フランスの経済学者であるトマ・ピケティ氏が2015年1月末に来日します。

ピケティ氏は、200年以上の統計データの分析から、資本主義では、資本収益率が経済成長率を上回っているとして、資産家の世襲を通じて格差は広がると主張。

国際協調による世界的な資本税を提言するなど、富裕層への課税強化を説いています。

世界的に格差拡大が問題となる中、資本主義のあり方に疑義を突きつけるピケティ氏の主張は多くの人を惹きつけ、マルクスの再来と見る向きもあります。

しかし、私たちとしては彼の考えに与するわけにはいきません。国際協調による資本課税に対し、その非現実性も指摘されるところですが、もとより、課税を強化して富めるものから召し上げるというのでは、勤労意欲や経済活力はそがれるばかりでしょう。確かに資本主義では格差は開いていきますが、資本の集中が富や多くの雇用を生むことも見逃してはなりません。

折しも、日本ではアベノミクスにより円安・株高が進展。大企業の業績が回復基調にある一方、中小企業などにはあまり恩恵がないことから、富めるものが潤えば、その富が大衆に波及するというトリクルダウンは幻想であるとして、再分配政策を求める声も強くなりつつあります。

日本でピケティ氏の著作が読まれる背景には、アベノミクス下での格差の広がりがあることも指摘されますが、私たち幸福実現党は、課税強化などで格差縮小を図ろうとする動きには反対の立場です。セーフティーネットはしっかりと整えつつも、減税や規制緩和で民間の自由な経済活動を促進し、その結果生まれる成功者が騎士道精神を発揮して、社会に奉仕していくことを促すような環境整備を進めるべきだと考えます。「自由の大国」こそが目指すべき国家のあり方にほかならないと確信するものです。

5. なぜ原発の再稼働が必要か

速やかに原発の再稼働を（2018年9月14日掲載）

２０１８年９月６日、北海道胆振《いぶり》地方で最大震度７の地震が発生しました。犠牲となられた方々へのご冥福を心よりお祈り申し上げますとともに、被害に遭われた皆さまに心からお見舞い申し上げます。政府に対して、被災者の生活再建など、復興に向けて一層の力を尽くすよう強く求めます。

今回の地震により、北海道全域がブラックアウトと呼ばれる大規模停電に見舞われました。この停電により、住民が不安な生活を強いられるばかりか、経済も大きなダメージを受けました。

これは、道内の約半分の電力需要を賄っていた苫東厚真《とまとうあつま》火力発電所が地震で緊急停止し、需給バランスが崩れたことが原因とされています。しかし、苫東厚真から100キロメートル以上離れた泊原発では震度2でした。もしこれが再稼働していれば運転を継続でき、ブラックアウトが起きなかった可能性があります。

日本の原発は福島での事故以降、世界一厳しい新規制基準に対応し、外部電源の喪失や過酷事故への対策が十分になされているため、安全性は一段と高まっています。しかし、発電所が分散して配置されている北海道で、泊原発の再稼働が進まない中、苫東厚真火力に過度に依存するという、リスクの高い電力供給体制が続いていました。

政府は今回の事態を重く見て、全国の原発を速やかに再稼働すべきです。

プルトニウム削減方針の撤回を（2018年8月10日掲載）

2018年7月31日、内閣府の原子力委員会がプルトニウムの利用指針を改定しました。

問題となっているのは原発の使用済み核燃料の再処理で生じるプルトニウムで、日本は2016年末時点で47トン（国内に約10トン、英仏に約37トン）を保有し、その量は原爆約6000発に相当するとの主張があります（日本のプルトニウムで原爆の製造は不可能と指摘する専門家もいます）。

国際社会が日本の保有状況を懸念しているとされ、政府はその懸念の払拭に努める意志を示していました。今回の指針改定の背景には、6月に北朝鮮の非核化を求める米朝首脳会談が開催されたことや、7月に日米原子力協定が自動更新されたこともあります。

原子力委員会は２００３年の指針で「利用目的のないプルトニウムは持たない」と定めていました。今回の指針では削減の時期や量は定めていないものの、初めて削減に踏み込んだかたちとなりました。

日本の核燃料サイクル政策では、一般の原発（軽水炉）でプルトニウムを燃やすこと（プルサーマル）と、「もんじゅ」のような高速増殖炉でプルトニウムを燃やすことを計画しています。しかし、一部の原発でプルサーマルの導入を進めているものの、進捗は大幅に遅れています。現在、新規制基準のもとで再稼働した原発は全国で５原発９基であり、うちプルサーマル実施は４基にとどまっています。また、高速増殖炉は「もんじゅ」の廃止でめどが立っていません。

今回の指針では、プルトニウムの分離を原発で使う分までしか認めないため、青森県六ケ所村で建設中の再処理工場の運転が制限され、「核のごみ」が増える可能性もあります。

日本だけが問題視されていますが、民生用プルトニウムだけを見ても、英国、フランス、ロシアなどは保有量を増やしており、再処理工場が今後稼働する中国でも増加が見込まれます。各国とも長期計画に基づいてプルトニウムを消費する予定であり、日本のように国際社会に配慮して削減を約束する国はありません。

加えて、これらの国は核兵器の保有が認められているため、軍事用プルトニウムも保有していますが、その量は正確に報告されているかどうかも疑わしく、日本だけがプルトニウムの削減を迫られることは、極めて不公平です。

今回、日本の原子力政策の長期的な方向性を示す責任を持つ原子力委員会が、新たな指針を出したことは、極めて残念です。

将来の日本におけるプルトニウムの利用に支障が出るだけでなく、使用済み核燃料の再処理が滞り、高レベル放射性廃棄物の容量が増加し、原発の運転を制限することにもつながりかねません。日本のエネルギー政策には甚大な影響が生じるため、原子力委員会には、今回の指針を撤回するよう求めたいと思います。

エネルギーは日本の安全保障と経済の基盤です。エネルギーの安定供給なくして、国家の自由と繁栄を守ることはできません。既存の原発の再稼働はもちろん、原発の新増設、次世代原発の開発、高速増殖炉の実用化などを強力に推進すべきです。

亡国の原子力規制の抜本見直しを（2018年9月28日掲載）

北海道胆振地方を震源とする地震が発生して3週間が経過しました。

改めて今回の地震により被害を受けられた皆さまに心よりお見舞い申し上げます。

そして今もなお、多くの方が避難生活を余儀なくされています。政府に対しては、被災地の早期復旧に向けた最大限の取り組みを行うよう求めます。

さて、震災後には政府より全道に節電要請が出ていましたが、2018年9月14

日に揚水式の京極発電所2号機が復旧し、19日には地震の影響で止まっていた苫東厚真火力発電所1号機が再稼働したことなどから、解除されています。

ただし、泊原発の再稼働に向けた動きが遅々として進まない中、北海道の発電の大部分を苫東厚真火力に依存するというリスクの高い電力供給体制が続いている状況に変わりはありません。こうした現状を放置し、冬季に再び停電が起きるようなことがあれば、北海道民の生活が脅かされるでしょう。札幌市防災会議は以前、冬季に道内で大規模地震が起きれば、最悪の場合、凍死を含めて死者が8000人以上にのぼるとの試算を出していました。道内経営者からは、こうした状況にもかかわらず、報道では原発再稼働についてほとんど取り上げられていないのは問題ではないか、などのお声を伺っています。

今冬に向け、道民の生命、健康および財産を守るためにも、速やかに泊原発の全号機を再稼働させ、停電のリスクを少しでも下げるべきです。

泊原発については、原子力規制委員会による審査が長期化しています。北海道電力は2013年7月、泊原発全号機の新規制基準への適合性審査を申請しました。しかし、申請から5年以上が経過したにもかかわらず、現在でも原子力規制委員会が新規制基準への適合性を認めていません。世界最高水準の安全対策を施しているにもかかわらず、北海道電力は泊原発を再稼働することができない状況にあるのです。

審査が一向に進まない原因の一つは、後期更新世（12万年～13万年前）以降の活動が否定できない場合には「将来活動する可能性のある断層など」と見なし、そこには耐震設計上重要な施設を設置できないとする基準を既設の原発に適用し、議論に膨大な時間を費やしていることにあります。

北海道電力は詳細かつ膨大な調査に基づき、泊原発の地盤における断層には「後期更新世以降の活動は認められない」としています。一方で、規制委の審査会合では、活動を否定する証拠が不十分であるとして、いわば「悪魔の証明」を求めるような堂々巡りの議論が続いています。

しかし、断層が過去に活動していない証拠があるかないかで、将来の活動可能性を予測することは科学的根拠に乏しく、むしろ十分な耐震設計でリスクを低減する方が、不確実性の高い予測を試みるよりも効果的です。

規制委は、国家としての大局観を持って、確立された国際的な基準を踏まえた適切な規制を行うべきです。このことについて、わが党は9月20日に、規制委に要望書を提出しました。

そもそも、原子力規制委員会の位置づけにも問題があります。

いわゆる「三条委員会」である規制委は、各府省から独立した組織であり、強い権限を持っています。

法が定める規制委の任務は「国民の生命、健康および財産の保護、環境の保全並びにわが国の安全保障に資するため、原子力利用における安全の確保を図ること」であり、原発の再稼働を決める権限はありません。それにもかかわらず、特定分野の技術論に固執して延々と議論を続け、国家の大局を踏まえてのバランスの取れた判断をしていないばかりか、実質上その権限が肥大化し、原発再稼働を左右するようになってしまいました。

三条委員会であっても独善が許されるわけではなく、法に基づく適切な行政を行う必要があります。規制委の活動を監視する仕組みが必要です。

原発再稼働の大幅な遅れで電力供給の不安定性があらわになった今こそ、原子力規制のあり方を問い直すとともに、規制委の組織・権能についても抜本的な見直しを行うべきです。

安全保障と経済成長を支える強靭なエネルギー政策の確立に向けて、政府は原子力規制行政の適正化、規制委による審査の迅速化に向けた取り組みを直ちに進めるべきでしょう。

官民タッグで水道事業の維持強化を（2018年12月14日掲載）

2018年12月6日、改正水道法が衆院本会議で賛成多数で可決、成立しました。人口減少の影響から、自治体が運営する水道事業の経営状況が全体的に悪化しており、今後、水道料金が値上がりすることも予測されています。そのほか法定耐用年数（40年）を超えた水道管の更新など老朽化対策を行う必要に迫られていることを含め、日本の水道事業は課題が山積しているのが実態です。

改正水道法は、市町村の広域連携推進、委託を通じて民間ノウハウを導入し、経営基盤を強化しようという狙いがあります。特に今回は、地方自治体が水道事業者という位置づけのままで、一定期間、運営権を民間企業に売却するという「コンセッション方式」を促進することが特徴となっています。

同方式は、2011年の民間資金活用公共施設整備促進（PFI）法改正を機に導入されたものの、運営権を民間事業者に設定するには、地方公共団体が水道事業の認可を返上する必要がありました。今回の改正により、官民連携に向けた選択肢が広げられたことになります。もちろん、導入するかどうかは各自治体に委ねられており、自治体がこれを行うよう強制されるものではありません。

ただ、国外では、水道事業が再公営化されたという事例が決して少なくありません。民間資本の論理で料金が高騰するのではないかという指摘や、水質は維持されるのかといった懸念があるのも事実です。

国、地方自治体は、参入する民間企業への審査、事業開始後のモニタリングを徹底させるなどして、事業運営の面で齟齬《そご》を来すことがないよう努めるべきです。また、災害時の体制整備や人材確保が十分に行われるよう、民間だけではカバーし切れない部分については、国や自治体がしかるべき対応を検討すべきです。

水道は全国的に小規模事業者が多数を占める状況にありますが、効率運営に向けて、都道府県などが主体的となり、広域化に向けた動きが推し進められる必要があります。水道は国民生活の基本的なライフラインであり、その供給体制の確保に向けては国や自治体が一定の責任を有することに変わりはありません。

あとがき

ご一読くださった皆さまに、心の底より感謝申し上げます。

幸福実現党は、「夢のある国」を描く、未来型政党です。

10年先、100年先、いや1000年先の未来がどうなるのかは神のみぞ知るところでしょう。しかしその遥かなる無限遠点《むげんえんてん》に向けた地上ユートピア建設の前線基地として、大川隆法総裁は「幸福実現党」を創立しました。その灯《ともしび》を、未来に点じていくために、本書では未来へのビジョンを描いてみました。

繁栄の国づくりのためには、まず、悪を押しとどめなくてはなりません。

マルクスの『共産党宣言』は、150年の間、血なまぐさい革命と粛清、自由と人権の抑圧、戦争による破壊を生み出しました。そして現代ではかたちを変えて、重い国民負担と手厚い福祉社会、増税と規制だらけの国家社会主義、覇権主義国による領土の収奪、信教・言論・政治参加の自由を制限する圧政によって、人類を苦しめています。唯物論・無神論によってつくられた〝ディストピア〟に終止符を打たねばなりません。

そして希望を胸に、善を推《お》し進めていくことです。

新しい夢の実現に向けて努力する人が、繁栄の国づくりの主役です。やがてまだ誰も知らないアイデアで世の中を驚かせる起業家が、今はまだ人知れず奮闘していることでしょう。やがて宇宙を旅する若者もたくさん出ることでしょう。そんな〝ユートピア〟が世界に広がり、この時代に生まれてきたことを喜び合える社会を築くには、政治の力が必要です。

苦しいこともたくさんありますが、この地上の命は神仏にお預けし、目に見えない聖なる存在と一体となれば、天から降り注ぐ情熱で力があふれてきます。

さあ、この国の未来のためにできることをし、公的幸福のために立ち上がろうではありませんか。

この場をお借りして、これまで変わらぬ応援をくださった皆さまに心の底より感謝申し上げます。必ずや、未来への飛躍をお見せいたします。

本書を発刊するにあたり、フジサンケイビジネスアイ、夕刊フジ編集部、そして編集でお力をいただきましたすべての皆さまに心より感謝申し上げます。

そして幸福実現党の父として、日々私たちを導いてくださいます、党創立者の大川隆法総裁先生に、心からの感謝を申し上げます。

2019年3月17日　幸福実現党　党首　釈量子

著＝**釈量子**（しゃく・りょうこ）

幸福実現党党首。1969年11月10日生まれ、東京都小平市出身。國學院大學文学部史学科卒業後、大手家庭紙メーカー勤務を経て、幸福の科学に入局。学生局長、青年局長、常務理事などを歴任し、幸福実現党に入党。2013年7月に党首に就任。現在、月刊「ザ・リバティ」で「釈量子の志士奮迅」、月刊「アー・ユー・ハッピー?」で「釈量子の東奔西走！」、フジサンケイビジネスアイで「太陽の昇る国へ」、夕刊フジで「いざ！ 幸福維新」を連載中。著書に、『命を懸ける』『太陽の昇る国』（幸福実現党刊）、『勝手にモージョ相談処』（青林堂刊）、共著書に、『いい国つくろう、ニッポン！』（幸福実現党刊）などがある。

繁栄の国づくり

2019年4月2日　初版第1刷

著　者　釈量子

発行者　佐藤直史

発行所　幸福の科学出版株式会社
〒107-0052 東京都港区赤坂2丁目10番14号
TEL（03）5573-7700
https://www.irhpress.co.jp/

印刷・製本　株式会社 研文社

落丁・乱丁本はおとりかえいたします

ISBN:978-4-8233-0070-7 C0030
装丁・イラスト・写真©幸福の科学

大川隆法ベストセラーズ・日本の取るべき道を示す

繁栄への決断

「トランプ革命」と日本の「新しい選択」

ＴＰＰ、対中戦略、ロシア外交、ＥＵ危機……。「トランプ革命」によって激変する世界情勢のなか、日本の繁栄を実現する「新しい選択」とは?

1,500円

自分の国は自分で守れ

「戦後政治」の終わり、「新しい政治」の幕開け

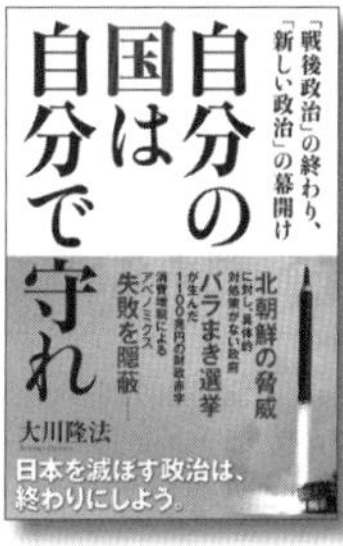

北朝鮮の核開発による国防危機、1100兆円の財政赤字、アベノミクスの失敗……。嘘と国内的打算の政治によって混迷を極める日本への政治提言!

1,500円

危機のリーダーシップ

いま問われる政治家の資質と信念

党利党略や、ポピュリズム、嘘とごまかしばかりの政治は、もう要らない。国家存亡の危機にある今の日本に必要な「リーダーの条件」とは何か?

1,500円

国家繁栄の条件

「国防意識」と「経営マインド」の強化を

現在の国防危機や憲法問題を招いた「吉田ドクトリン」からの脱却や、国家運営における「経営の視点」の必要性など、「日本の進む道」を指し示す。

1,500円

幸福の科学出版

大川隆法 ベストセラーズ・幸福実現党シリーズ

幸福実現党宣言

この国の未来をデザインする

政治と宗教の真なる関係、「日本国憲法」を改正すべき理由など、日本が世界を牽引するために必要な、国家運営のあるべき姿を指し示す。

1,600円

政治の理想について

幸福実現党宣言②

幸福実現党の立党理念、政治の最高の理想、三億人国家構想、交通革命への提言など、この国と世界の未来を語る。

1,800円

政治に勇気を

幸福実現党宣言③

霊査によって明かされた北朝鮮の野望とは? 気概のない政治家に活を入れる一書。諸葛亮孔明の霊言も収録。

1,600円

新・日本国憲法試案

幸福実現党宣言④

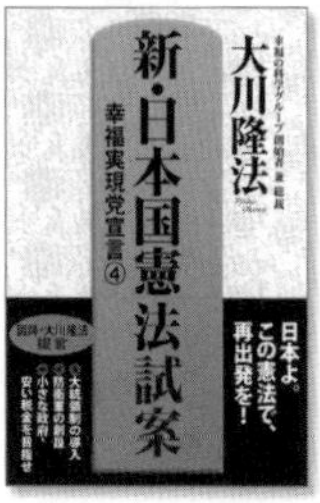

大統領制の導入、防衛軍の創設、公務員への能力制導入など、日本の未来を切り開く「新しい憲法」を提示する。

1,200円

夢のある国へ——幸福維新

幸福実現党宣言⑤

日本をもう一度、高度成長に導く政策、アジアに平和と繁栄をもたらす指針など、希望の未来への道筋を示す。

1,600円

※表示価格は本体価格(税別)です。

幸福実現党シリーズ

猛女対談 腹をくくって国を守れ

大川隆法　著

国の未来を背負い、国師と幸福実現党の釈量子が語りあった対談集。凜々しく、潔く、美しく花開かんとする、女性政治家の卵の覚悟が明かされる。【幸福実現党刊】

1,300円

いい国つくろう、ニッポン！

大川紫央　釈量子　共著

幸福の科学総裁補佐と幸福実現党党首が、「日本をどんな国にしていきたいか」を赤裸々トーク。日本と世界の問題が見えてくる「女子対談」。【幸福実現党刊】

1,300円

命を懸ける

幸福を実現する政治

釈量子　著

アベノミクス、国防問題、教育改革……なぜこれらに限界が見えてきたのか。この真実を知れば、幸福実現党が戦い続ける理由が分かる。【幸福実現党刊】

1,100円

未来をかけた戦い

幸福を実現するために

釈量子　著

新聞の好評連載が書籍化！「なぜ宗教政党が必要なのか」などの疑問に真正面から答えた書き下ろしも充実。立党10年間で"実現"した政策の数々とは。

926円

幸福実現党
THE HAPPINESS REALIZATION PARTY

入党のご案内

あなたも**幸福**を**実現**する政治に参画しませんか。

～この国に生まれこの時代に生まれてよかったと、
人々が心の底から喜べる世界を創る～

○幸福実現党の理念と綱領、政策に賛同する 18 歳以上の方なら、どなたでも参加いただけます。

○党費：正党員（年額 5 千円［学生 年額 2 千円］）、
特別党員（年額 10 万円以上）、家族党員（年額 2 千円）

○党員資格は党費を入金された日から 1 年間です。

○正党員、特別党員の皆様には
機関紙「幸福実現 NEWS（党員版）」（不定期発行）が送付されます。

＊申し込み書は、下記、幸福実現党公式サイトでダウンロードできます。

幸福実現党公式サイト

○幸福実現党の役員・議員情報、綱領や政策、最新ニュースが詳しくわかります！

○動画で見る幸福実現党――
幸福実現党チャンネルの紹介、党役員のブログの紹介も！

○幸福実現党のメールマガジン“HRP ニュースファイル”や“幸福実現！ハピネスレター”の登録ができます。

hr-party.jp もしくは 幸福実現党 検索

幸福実現党 本部　〒107-0052 東京都港区赤坂 2-10-8　TEL03-6441-0754　FAX03-6441-0764

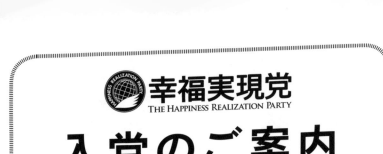